域

外

遗

珍

漳州窑瓷器特展

李海梅　主编

文物出版社

图书在版编目（CIP）数据

域外遗珍：漳州窑瓷器特展 / 李海梅主编.
北京：文物出版社，2024.10. -- ISBN 978-7-5010
-8501-9

Ⅰ. K876.3

中国国家版本馆CIP数据核字第2024A4Z837号

域外遗珍
——漳州窑瓷器特展

主　　编：李海梅

责任编辑：张晓曦
责任印制：王　芳

出版发行：文物出版社
社　　址：北京市东城区东直门内北小街2号楼
邮　　编：100007
网　　址：www.wenwu.com
邮　　箱：wenwu1957@126.com
经　　销：新华书店
印　　刷：北京荣宝艺品印刷有限公司
开　　本：889mm×1194mm　1/16
印　　张：14.5
版　　次：2024年10月第1版
印　　次：2024年10月第1次印刷
书　　号：ISBN 978-7-5010-8501-9
定　　价：420.00元

序言

　　癸卯深秋，"域外遗珍——漳州窑瓷器特展"在上海中国航海博物馆隆重开展。值此展览图录出版之际，我谨代表漳州市博物馆向展览的成功举办表示热烈的祝贺，向上海中国航海博物馆的同仁表示衷心的感谢！

　　漳州是古代海上丝绸之路的重要始发港，明隆庆元年（1567年），明朝政府在全国实施"海禁"的情况下，基于漳州月港私商出海贸易的事实，"议开禁例"，准许漳州月港"贩东西二洋"，月港成为当时国内唯一合法的对外贸易港口。史料记载，丝绸、瓷器、茶叶等商品在这一时期从中国各地汇集到漳州，与漳州本地生产的瓷器、天鹅绒等商品，通过月港源源不断输往海外。

　　20世纪90年代初，经中外学者的共同努力，在福建省博物馆的主持下，联合了南京大学考古学、厦门大学人类学专业以及平和县博物馆、华安县博物馆、南靖县博物馆、漳浦县博物馆等单位展开了对漳州地区明清时期古窑址的调查、发掘与研究。通过对窑址调查发掘标本与海外沉船、古遗址出土的器物以及大量外销流传到海外的传世品的比较分析，证明蜚声海外的外销瓷"砂足器""吴须彩绘""饼花手""汕头器""交趾瓷""华南三彩"的产地就在漳州。至此，漳州窑才正式揭开了它神秘的面纱，从目前考古发掘资料和海外遗存来看，漳州窑在中国的窑业历史中是占有一定地位的，特别是在中国外销瓷的发展中占有重要的历史地位。

2013 年金秋，习近平总书记先后提出共建"丝绸之路经济带"和"21 世纪海上丝绸之路"重大倡议，10 年来，共建"一带一路"从理念转化为行动，从愿景转变为现实。正是在这样的背景下，漳州市博物馆携手上海中国航海博物馆举办此次展览，用实际行动积极响应"一带一路"建设。

此次展览中，漳州市博物馆精选了馆藏 235 件漳州窑珍品，包括 33 件一级文物、60 件二级文物和 89 件三级文物。展品涵盖了米黄釉瓷、颜色釉瓷、青花瓷、五彩瓷和素三彩瓷五种品类，器型多种多样，有盘、碗、罐、炉、觚、杯、瓶、盒、缸、钵、军持等。展品种类丰富、精品荟萃，是漳州窑瓷器首次外出集中展示。

希望这批跨越历史和地域的古代文明，通过与上海观众的互动交流焕发新的光彩，更可以在构建"21 世纪海上丝绸之路"的今天，推动更多不同文化的交流与碰撞，深入挖掘"友善、包容、互惠、共生、坚韧"的海上丝绸之路文化内涵。

在此，向上海中国航海博物馆的同仁再次致以诚挚的谢意！

李海梅

漳州市博物馆馆长

2024 年 6 月 27 日

目录
CONTENTS

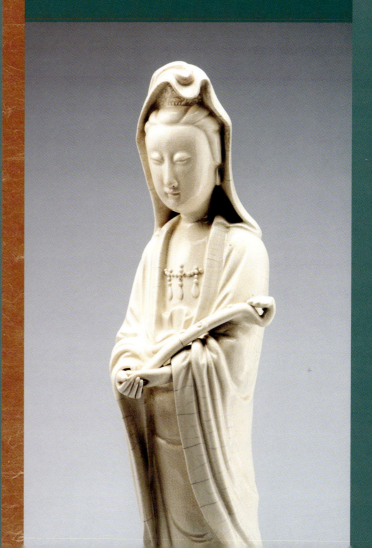

学术论文

"域外遗珍——漳州窑瓷器特展"
策展经纬

陆伟（上海中国航海博物馆）

　　作为中国首家经国务院批准设立的国家级航海博物馆，中国航海博物馆（以下简称"中海博"）以航海为主线、以博物为基础，近年来举办了海上丝绸之路文化系列展览，屡获大奖的同时也赢得了极高的人气与口碑。本次展览名为"域外遗珍"，聚焦海外回流的珍贵漳州窑瓷器，凸显以中国外销瓷为代表的海上丝绸之路非凡成就，是中海博在研究海上丝绸之路千年兴衰发展历程，挖掘海上丝绸之路的意义、价值和影响方面推出的又一次主题展览。

一　展览缘起

　　海上丝绸之路形成于秦汉，繁盛于唐宋，转变于明清。作为一条古老的海上航线，它从中国东南沿海经过中南半岛和南海诸国，穿过印度洋，进入红海，抵达东非和欧洲，成为中国与外国贸易往来和文化交流的海上大通道，并推动了沿线各国的共同发展。特别是唐代后期，西域战火不断，阻隔了陆上丝绸之路，海上通道越发兴盛。当时通过海上丝绸之路向外输出丝绸、瓷器、茶叶和铜铁器，向内输入香料、宝石矿产和经济物种等。除海外贸易外，中国的发明创造也不断向外传播，有力促进了各国生产力水平的提高。到了宋元时期，中国造船技术和航海技术大幅提高，全面提升了商船远航能力，私人海上贸易也得到发展。这一时期，中国同世界 60 多个国家有着直接的"海上丝路"商贸往来。

　　中海博近年来精心打造了海上丝绸之路文化系列展览，积累了丰富经验。其中 2019 年"器成走天下：碗礁一号沉船出水文物大展"和 2021 年"远帆归航：泰兴号出水瓷器特展"分别聚焦明清时期景德镇、德化窑外销瓷器。其实，除景德镇外，明末清初也是漳州窑的鼎盛时期。除青花瓷外，漳州窑也大量生产五彩瓷、素三彩、单色釉瓷等。本次"域外遗珍"展览主要展示海外回流的珍贵漳州窑瓷器。不同于景德镇，漳州地处沿海，交通便利。随着贸易网络和外销线路的不断拓展，漳州窑瓷器"行于九域，施及外洋"。漳州窑瓷器以纹饰精美、釉色丰富著称，当时的欧洲学者也把漳州窑瓷器列为世界名瓷之一。

　　本次展览的缘起可以追溯至 2021 年，当时中海博联合沿海 25 家博物馆举办了"大海就在那——中国古代航海文物特展"（该展荣获了当年全国十大精品陈列展的优胜奖），特展中有两件漳州市博物馆重量级的漳州窑瓷器，这为我们两馆之后深度合作开了一个好头。2023 年初，两馆均派出最强团队，就展览大纲、展品清单、社教活动、配套文创、学术讲座、图录制作、展品运输等事宜不断细化，最终形成了本次展览方案。

由于本次展品主要是漳州市博物馆历年来征集收藏的海外回流的漳州窑瓷器，我们将其命名为"域外遗珍"。希望这批跨越历史和地域的古代文明珍品，通过与观众的互动交流焕发新的光彩，更可以在我们构建 21 世纪海上丝绸之路的今天，推动更多不同文化的交流碰撞，深入挖掘"友善、包容、互惠、共生、坚韧"的海上丝绸之路文化内涵。

二 内容组织

从策展之初，双方团队就把该展定位为漳州窑精品瓷器展，我们从历史、品类、行销三个维度，向观众系统全面讲述漳州窑的故事。

1. 历史——千年窑烟

漳州窑是明末清初重要的外销瓷生产场地，在外销瓷研究展示中占有一席之地。一说到漳州窑瓷器，公众就会和明清外销瓷联系起来，广为人知的也是在明代中晚期，随着月港的兴盛，促进了辗转运来的景德镇瓷器的外销，更直接促成了漳州窑的出现和繁盛[1]。遗憾的是，明清之前漳州窑的历史往往不为人知。因此，展览第一单元"千年窑烟·漳瓷一席"，展示了漳州地区历年来的考古发现，以此来重塑明清外销瓷的标签，呈现漳州窑千年窑烟的全貌。

第一单元以考古遗址为主。我们用图片、图表、文物、视频等形式，展示了青铜时代漳州市龙文区虎林山、漳州市南靖县土地公山、漳州市平和县钟铜山等 3 个遗址，宋元时期包括漳州市漳浦县罗宛井、漳州市云霄县水头等漳州地区涉及 7 个县 25 个窑址，以及明清时期漳州地区涉及 4 个县 22 个窑址。特别是在"明清辉煌"板块，我们通过窑址一览表、窑址遗迹图、窑址出土器物图、窑址考古发掘视频、窑址考古发掘图版等形式，展示漳州窑业发展的黄金时代。漫山遍野的瓷器碎片、随处可见的烧瓷工具、规模庞大的窑炉，呈现了当年漫野窑烟的盛景。

全面梳理考古发现可以使观众了解漳州窑瓷器的历史全貌。商周时期，陶器、硬陶、釉陶器已在漳州地区广泛使用，但秦代以后至唐代前期，窑烟一度沉寂。宋元时期，海上丝绸之路的逐步兴盛，刺激了沿海制瓷业，漳州窑业在短时期内形成较大的生产规模，青瓷、青白瓷成为重要海贸商品。这一生产局面的形成和工艺技术的发展，为明清时期漳瓷辉煌奠定了基础。

2. 品类——瓷彩纷呈

第二单元"土火凝珍·瓷彩纷呈"是本次展览的重点板块，集中展示了漳州市博物馆历年来征集的海外回流的明清漳州窑瓷器精品，共设"古朴典雅米黄釉""沉静含蓄颜色釉""幽趣湛蓝绘青花""鲜艳明快画五彩""精巧象生素三彩"五个板块，精选了 180

[1] 刘淼：《明清漳州海域港市发展视野下的外销瓷窑口与内涵变迁》，《水下考古》第二辑，上海古籍出版社，2020 年。

件域外回流的漳州窑珍品，包括 33 件一级文物、57 件二级文物和 82 件三级文物。展品涵盖了米黄釉瓷、颜色釉瓷、青花瓷、五彩瓷和素三彩瓷五种品类，器型也多种多样，有盘、碗、罐、炉、觚、杯、瓶、盒、缸、钵、军持等。展品种类丰富、精品荟萃，是漳州窑瓷器在上海不可多得的一次集中重点展示。

不同于第一单元重点展示考古现场图片和古代陶器，第二单元主要以大量集中的精品文物，强化观众的视觉感知，了解漳州窑瓷器的工艺和成就。我们希望展示漳州窑瓷器相较于其他窑址瓷器的独有特色。

展览重点介绍了米黄釉瓷。单色釉瓷中米黄釉又专称"漳窑"，漳窑瓷器以精湛的形制技术见长，其中又以人物神像、陈设供器为大宗，运用堆塑、贴塑、镂雕、刻划花的装饰手法，器物造型古朴庄重、刚柔并济。用特殊的米黄釉做装饰效果，应用炉温控制，使其釉面呈现密集的碎状冰裂纹，产生含蓄朦胧的韵味，尽显柔和、纯净、含蓄之美感。漳窑瓷器以其冰裂之美独领风骚，植根于传统，融会了新机，弥补了它窑产品自身缺少层次变化和节奏感、单调雷同等不足，使单色釉瓷器形貌丰富多彩，更趋完美。其典雅别致的造型和匠心独运的纹饰共同产生的艺术魅力，为古今中外诸多鉴赏家、收藏家珍视的原因之所在[2]。本次展览展出了 40 件漳窑精品瓷器，其中以清漳窑米色白釉回纹瓷觚（图一）、清漳窑米色白釉堆贴三羊开泰纹瓷瓶（图二）、清漳窑瓷如意观音立像（图三）最具特色。

图一　清漳窑米色白釉回纹瓷觚　　图二　清漳窑米色白釉堆贴　　图三　清漳窑瓷如意观音立像
　　　　　　　　　　　　　　　　　　　三羊开泰纹瓷瓶

展览集中展示了享誉世界的"砂足器"。有画风粗犷率意、生动活泼，洋溢着传神写真自然意境和民间浓郁生活气息的 40 件漳州窑青花瓷，最典型的文物是明漳州窑青花锦地开光凤凰花卉纹瓷盘（图四），圆唇敞口，弧收腹，矮圈足、足粘砂。盘内腹绘青花锦地六开光花卉纹饰，盘内底青花双圈纹内绘凤凰牡丹纹主题图案，外腹口沿和近底部各绘有一道青花弦纹，中间绘有绶带纹。此类青花盘的装饰特征多半内腹锦地八个开

---

[2]　林俊：《瓷海钩沉话漳窑》，《收藏界》2004年第2期。

图四　明漳州窑青花锦地开光　　图五　明漳州窑素三彩"福"　　图六　明漳州窑五彩指南针
　　　凤凰花卉纹瓷盘　　　　　　　　　字纹圆形瓷盖盒　　　　　　　　航海图纹瓷盘

光或六开光组成边饰，内底主题图案多为中国传统花鸟、人物、吉祥物，在国内不流行，却与东南亚、西亚的伊斯兰文化有着更密切的联系；有仿效动物或植物花果造型，表现出形象生动、纹样繁密、刻工精细、线条流畅等工艺特点的 21 件漳州窑素三彩瓷，如明漳州窑素三彩"福"字纹圆形瓷盖盒（图五）；有色彩鲜艳明快、装饰性强的 39 件漳州窑五彩瓷，如明漳州窑五彩指南针航海图纹瓷盘（图六），口沿上红彩双圈纹内用黑、蓝彩绘山水楼阁图案，腹部绘星宿、岛屿、海涛、帆船、飞鱼麒麟等图案，盘底画二十四向位罗盘，中央是简体阴阳太极二重圈，圈内写有"天下一"字样。专供外销的漳州窑五彩瓷大盘上出现的中西航海文化元素纹饰，既有可能是漳州窑窑工的创新纹饰，亦有可能是洋船"来样定烧"的纹饰。而此类纹饰单单出现在漳州窑产品上，可能是因为，作为 16、17 世纪最重要的对外贸易商港与闽南大都会，漳州月港汇聚融合了当时世界上最先进的航海文化，这种文化对东南沿海的社会经济文化产生了巨大的影响力，创作出独一无二的航海文化元素纹饰[3]。

3.行销——丝路帆远

明景泰到崇祯六年（1450～1633 年），月港从一个民间自由贸易港口发展成为我国东南沿海外贸中心之一，与 40 多个国家和地区有直接贸易往来，并以吕宋（菲律宾）为中转站，与欧美各国相互贸易，在我国外贸史上占有重要地位。随着月港的兴盛，漳州窑瓷器或漂洋过海，丰富了海域民众生活；或折载沉沙，封塑成海洋文化遗产。

第三单元"丝路帆远·瓷韵悠长"，用图文视频等形式，展现了沉船里和藏在世界各地博物馆的漳州窑瓷器。其中，沉船主要有鳄鱼岛沉船、"平顺号"沉船、"圣迭戈号"沉船、"白狮号"沉船、"哈彻"沉船、"南澳Ⅰ号"沉船、"北礁三号"沉船、"圣伊西德罗"沉船、"'皇家舰长'暗沙二号"沉船、"圣菲利普号"沉船、"头顿号"沉船、"泰兴号"沉船等 12 艘，我们制作了沉船里的漳州窑沙盘场景，让观众对这些沉船所代表的航路有更直观的了解。

通过文献考究和考古发掘，并对漳州窑瓷器外销东南亚以及经由东南亚转运外销线

[3]　彭维斌：《漳州窑大盘与16、17世纪的航海文化》，《国家航海》第二十一辑，上海古籍出版社，2018年。

路进行综合考察发现，漳州窑瓷器随着月港的泛海通商已遍及欧洲、非洲、美洲、东南亚、日本等世界各地，并影响着世界各地的文明进程[4]。第三单元还集中展示了包括大英博物馆在内的世界各国博物馆馆藏的漳州窑瓷器图片，充分说明了漳州窑瓷器的重要地位，也反映了漳州窑瓷器对其他国家瓷器烧制技艺，尤其是对日本的窑炉建造技术、红绿彩瓷器烧制的影响。

三　回顾思考

"域外遗珍"展览能够顺利举办，首先得益于两馆的高度重视，漳州市博物馆将中海博作为该馆漳州窑精品展览赴外巡展的第一站，遴选了该馆最好的漳州窑产品参展。同时要感谢漳州市博物馆同仁们收集的翔实文献资料和考古发掘成果，以及对文物藏品的深入研究。丰富的展品和配套的相关视频、图片，高度浓缩了漳州窑的发展历史，重现了其在古代海上丝绸之路上的风采，以物述史，以史溯源，对进一步宣传漳州窑、让观众更多地了解漳州窑均具有现实意义。

回顾策展全过程，既有遗憾又有收获。遗憾是：受策展时间和展览经费等多种因素制约，本次展览更多还是采用精品展的方式来介绍文物，光影和数字效果的运用、互动展示和沉浸式观展等展览阐释方式还不够多样。收获是：配套活动、文创产品、拓展的宣传渠道和方式，给观众带来了更好的观展体验，也增加了展览的关注度。例如，能带来真切体会的拉坯体验活动，自己绘制和制作瓷盘的"带回家的彩绘瓷盘"活动，通过联合代销模式推出临展配套盲盒、书签、扑克牌等文创产品，以漳州所产铁观音为概念推出相关茶饮等等，都丰富了观众的观展体验。在展览布展、开幕及展出过程中，各种展览预告和氛围营造、微信探展推文、抖音和小红书上发布的流量话题，不断提升了"中国人做瓷器有多绝""这是瓷器你敢信"等展览概念，提升了展览曝光度。

以文物为载体，见证历史，共建美好未来。本次展览只是我国古代瓷器发展中的一小节乐章，期待所展示的"域外遗珍"能够充分展示漳州外销瓷器在文明交流互鉴的历史进程中书写的华彩篇章，在理解漳州窑与"一带一路"故事的同时，让观众在观展之余把体验、分享和记忆带回家，在了解古代海上丝绸之路的光辉历史之时更切身感受中国瓷器的辉煌成就，更深刻地理解共建"21世纪海上丝绸之路"的重大历史价值，那我们的这次展览就是成功的。

[4]　吴其生：《漳州窑瓷器的对外输出》，《福建陶瓷与海上丝绸之路——中国古陶瓷学会福建会员大会暨研讨会论文集》，东北师范大学出版社，2016年。

晚明漳州窑红绿彩瓷工艺
溯源与鉴赏分析

林登山（漳州市博物馆）

　　中国陶瓷上的红绿彩工艺源远流长，其兴盛于金、元、明时期。据景德镇市陶瓷考古研究所名誉所长江建新先生研究认为，中国红绿彩工艺创烧于金大定初年至金章宗承安四年（1161～1199 年）的 38 年间[1]，是中国瓷业史上的一次重大进步。元末孔齐在《至正直记·卷一》中也谈道："红绿古彩古来有之，金以来时为上物，多定烧、限烧为上用，非市烩所能得也。"

　　"艳而不噪，丽而不俗"，是红绿彩瓷艺术最真实的写照。作为一种低温釉上彩绘瓷器，红绿彩瓷工艺是在高温烧制的白釉器上用红、绿等彩料勾画纹样，然后再次入窑以 800 ℃左右的低温烧造而成。磁州窑、当阳峪窑、八义窑等北方窑口是红绿彩瓷的主要创烧地和产地，并从技术源流的角度催生了景德镇窑红绿彩瓷的繁荣，传承自景德镇的漳州窑红绿彩在明末随着漳州月港海路的开禁也获得了长足的发展，并和景德镇窑红绿彩瓷一起对日本产生了深远的影响。

一　中国釉上彩瓷工艺源头

　　古代阿拉伯地区是釉上彩工艺最早起源地，早在 10 世纪，阿拉伯地区在釉陶发展的基础上，率先发明了釉上彩绘工艺。例如尼沙布尔（Nishapur）、萨马尔坎（Samarqand）、塔什干（Tashkent）的釉上彩绘陶，在盘、碗类器物上在釉下绘红、黑两彩，经中温烧成胎釉后，再加绿彩，经二次低温烘烤而成，开创了世界上最早的釉上彩工艺。12～13 世纪，大食米奈陶器（Minai ware，图一）在前者的技术上进一步发展成釉上多彩的综合性彩绘釉陶工艺，极大促进了釉上彩工艺的进步。

　　我国与阿拉伯地区的陶瓷贸易活动始于汉代。20 世纪 60 年代以来，考古学家陆续在一些墓葬和遗址中发现波斯釉陶[2]，因中国的釉上彩工艺要比阿拉伯地区晚很多，两地在常年的商贸往来和文化交融中，阿拉伯的釉上彩工艺也潜移默化地影响了中国陶瓷工艺的发展。

　　日本学者三上次男在《陶瓷之路——东西文明接触点的探索》中指出，米奈陶器对

[1]　江建新：《中国早期釉上彩之研究（上篇）》，《南方文物》2003年第4期。
[2]　程酪茜：《波斯釉陶：早期海上丝绸之路的见证者》，《大众考古》2016年第9期。

图一　13世纪米奈彩绘釉陶（景德镇颜山美术馆藏）　　图二　金磁州窑红绿彩托宝天尊坐像
　　　　　　　　　　　　　　　　　　　　　　　　　　　　　（邯郸磁州窑学会藏）

中国的赤绘（即红绿彩瓷）是有影响的[3]，国内很多学者也都持同样的观点，如深圳博物馆的郭学雷先生认为金代红绿彩瓷器的创烧与流行，确实明显有来自阿拉伯地区米奈陶器的影响。

二　漳州红绿彩瓷工艺溯源

　　金代，中国釉上彩瓷工艺的典型代表——红绿彩瓷开始崛起，并在北方的磁州窑（图二）等各窑口中日渐兴盛，在12世纪中后期的金朝世宗时达到艺术的顶峰，以后逐渐走向衰落，终被14世纪崛起的南方景德镇彩绘瓷所取代[4]。

　　元末明初，北方红绿彩技术传入景德镇，与景德镇本地的高温白瓷相结合，开创了景德镇的釉上彩新篇章。元代景德镇红绿彩烧制时间短，烧制数量有限，存世完整器数量寥寥无几，颇为珍贵。因朝廷对民间禁用黄色，元代景德镇红绿彩瓷在用色上仅用红绿二色（图三），不见金代以来北方红绿彩瓷惯用的黄彩。

　　明代随着釉上黑彩和紫彩的出现，景德镇红绿彩逐渐发展成为色彩丰富的釉上五彩（图四），至嘉靖、万历时期"官民竞烧"，同时作为外销瓷大量对外输出，产品遍布日本、东南亚、西亚和欧洲等地，质量和数量蔚然可观，其工艺达到历史的高峰。

　　明正德十四年至崇祯六年（1519～1633年），先后有13位江西籍人士主政漳州平和。他们将家乡先进制瓷技术引进到为官之地建窑造瓷，开辟市场，既解决家乡富余陶工的生计，又繁荣当地经济，增加财政税收，是一举两得的德政。这虽有臆测之嫌，也应在情理之中。同时随着漳州月港的兴起及景德镇瓷土衰竭、政府盘剥继而引发窑工民变等因素，大量的景德镇窑工来到了漳州各窑场，同时也带来了景德镇先进的制瓷工艺，

[3]　[日]三上次男著，胡德芬译：《陶瓷之路——东西文明接触点的探索》，天津人民出版社，1983年。
[4]　马志波：《论陶瓷装饰红绿彩》，景德镇陶瓷学院硕士学位论文，2013年。

图三　元景德镇红绿彩狮子戏球纹玉壶春瓶
（日本东京国立博物馆藏）

图四　明嘉靖景德镇红绿彩仕女纹盘
（日本福冈美术馆藏）

因此也将景德镇的红绿彩技术转嫁到了漳州窑的瓷器上[5]。

三　漳州红绿彩瓷生产概况

漳州窑红绿彩瓷约创烧于明万历中期，延烧至清中期嘉庆时期，明代主要以平和县的南胜花仔楼窑和五寨田中央窑为主，其他如大垅窑、狗头山窑、洞口窑、考塘窑、内窑仔窑等也都有兼烧，清代主要以南靖、华安县交界的东溪窑为主[6]。

明代是漳州窑红绿彩瓷生产的大宗，品类主要有盘、碗、盒、罐、瓶、炉等。装烧工艺主要用"M"形和平底桶形匣钵装烧，通常在瓷器和匣钵底之间有一层隔离物，防止瓷器因釉水流淌与匣钵相粘连，因多以砂粒作为此层隔离物，所以大多数器物的底部与足部或多或少有粘砂现象，在国外长期以来被称为"砂足器"。

图五　明漳州窑红绿彩锦地富贵长春山水亭阁纹盘
（漳州市博物馆藏）

漳州窑红绿彩瓷绝大部分产品都是以红彩、绿彩、孔雀蓝彩和黑彩组成的色彩结构，偶尔见有黄彩和紫彩出现，而最具特色的是使用孔雀蓝彩，与鲜艳的矾红形成强烈的色彩对比。常见纹样有珍禽、瑞兽、花草、人物、山水楼阁（图五）、吉祥文字、天干地支文等。漳州窑红绿彩画风粗犷洒脱，极速的运笔使其形成了一种特有的"急就"艺术魅力，是中国釉上彩瓷的一枝奇葩。

[5]　林登山：《试析漳州窑瓷器装饰中的伊斯兰文化元素》，《福建文博》2019年第1期。

[6]　吴其生：《明清时期漳州窑》，福建人民出版社，2015年。

随着大航海时代的到来，荷兰、葡萄牙、西班牙商船直达月港，漳州窑红绿彩瓷作为外销瓷被大量销往欧洲、北美洲、东南亚、中东及日本等地区。其艺术性对世界产生了极大的影响，其中尤其受到了日本市场的狂热追求，对18～19世纪日本红绿彩瓷的风格影响深远。

四　漳州红绿彩瓷鉴赏分析

1. 漳州窑红绿彩香盒特殊鉴赏符号

漳州窑兴盛于晚明，时值日本江户中前期，此时日本茶道盛行，各类漳州窑香盒一般使用于茶道活动中的"添碳"环节。如以日本茶道流派"三千家"的茶会流程为例，在一场较正式的茶会中，通常会在第一次为茶炉添设炭火后，向炉内置入一枚香丸，为茶室净味，增添香氛。中世以来，贮存香料的香盒地位逐渐增高，成为赏鉴的对象，待主人为茶炉添香完成后，客人们上手欣赏香盒成为一种茶道礼节。而在客人面前省略添炭表演的简单茶会中，则会将香盒放置于等候室壁龛内供客人观赏，因此漳州窑红绿彩香盒在日本大为流行。

从目前存世的大部分晚明漳州窑红绿彩香盒来看，大都有用矾红在盖内、盒内分别墨书数字、文字、日文或者图案等花押（图六）。但目前花押的作用和蕴意还有待进一步研究。笔者认为，漳州窑红绿彩香盒属于批量生产的产品，产量特别大，且大小、形制特别相似，在盖内、盒内分别进行编码，可以在生产后盖盒更好地进行配对。此外，花押在日本成流派延续，甚至与茶道相生相伴，使花押更具有仪式化和艺术性[7]，因此作为销日的主要产品，漳州窑红绿彩香盒的这些花押之谜就更解释得通了。

此类做法仅在晚明漳州窑的产品中发现，同时期的景德镇窑产品则未发现。因此，香盒中的花押特征，也可当作是辨认、鉴赏晚明漳州窑红绿彩香盒的重要方法之一。

图六　明漳州窑红绿彩香盒花押

[7] 李瑾：《花押的中日艺术之旅》，《艺术科技》2016年第12期。

2. 晚明漳州窑"后加彩"器物甄别

2001 年，在越南沿海发现的沉船"平顺号（Binh Thuan）"沉没于明万历三十六年（1608 年）。该船运载的瓷器绝大部分来自漳州窑产品，有青花、红绿彩等品种，对于研究漳州窑红绿彩烧造及外贸年份有着重要的时间参考价值。"平顺号"沉船打捞的漳州窑产品中，有大量红绿彩器物由于长时间受海水的侵蚀，釉上的彩料都有严重的掉彩现象，甚至有些只留下很淡的彩绘痕迹，接近"白胎"（图七）的状态。类似的情况，在东南亚地区沿海内河航道如印尼穆西河（Musi river）等的小型沉船中也有发现。此类沉船所处水位较浅，也时常打捞出一些瓷器，其中不乏此类近乎"白胎"的晚明漳州窑红绿彩瓷器。由于漳州窑瓷器在整个东南亚及欧洲市场大受欢迎，东南亚又是漳州窑瓷器外销的重要中转站，这些出水的"白胎"瓷也为漳州窑"后加彩"瓷器提供了基础条件，并经加彩后重新进入流通市场。

图七　"平顺号"沉船出水明漳州窑"白胎"香盒

"后加彩"器物的胎体属晚明漳州窑产品，经过再次彩绘烧制后成为新旧结合的产品。这类器物存世量不少，然而无论从画工上，还是彩料的特性上，都与古代漳州窑的同类产品有着根本性不同。随着时间的推移，相关专家开始关注这部分新旧工艺结合的器物，也引起了对晚明漳州窑红绿彩瓷鉴定的争议。多年研究认为，海捞瓷和传世器的瓷器釉面光泽度有明显的区别。经过长年累月的海水侵蚀，海捞瓷的瓷器釉面已基本不会反光，且红绿彩属于釉上彩，即使没有完全掉彩，那彩绘颜色也会呈黑色。因此，那些釉面基本没有光泽度而彩绘却异常鲜艳的漳州窑红绿彩瓷基本可认定为"后加彩"瓷器，且如果将此类瓷器侧光进行认真观察，基本也能看出瓷器原始彩绘的纹路（图八）。此法也可认为是鉴赏漳州窑红绿彩的方式之一。

图八　漳州窑红绿彩"后加彩"细节图

3. 日本仿烧漳州窑红绿彩瓷区分

日本红绿彩，始于 17 世纪中叶的江户时代早期，受到明末景德镇与漳州窑红绿彩的影响，创烧了釉上彩瓷"有田烧"，大量仿烧景德镇和漳州窑的红绿彩品种。同时期的京都，以仁清和乾山为首的陶艺家创烧了彩绘陶，拉开了"京烧"的序幕。在仁清之后很长一段时间里，京都地区的陶瓷发展缓慢，直到陶工奥田颖川 (1753～1811 年) 的出现。他一改京烧陶器为瓷器，为京烧瓷器的进步做出了重要的贡献。奥田颖川擅长釉上彩绘，尤为推崇模仿漳州窑红绿彩瓷（日本称之为"吴须赤绘"）。在其影响下，日本多地掀起了模仿"吴须赤绘"的浪潮，后世将这类作品的风格称为"颖川系"。如出生于千家十职（专门为日本茶道世家千利休家族生产茶道用具的十个家族）之一"永乐善五郎"家族的永乐和全 (1823～1896 年)，就非常善仿漳州窑红绿彩风格作品（图九），甚至达到真假难辨的地步，其家族对漳州窑红绿彩瓷的仿制一直延续至今。其他如九谷烧、犬山烧等也大量仿制漳州窑产品，这些名家仿制水平之高超，甚至达到乱真的效果，因此也引发了学术界对于目前部分传统上认为属于晚明漳州窑红绿彩瓷是否为日本仿烧的争议与探究。

现研究认为，辨别日本与漳州窑产品的重要方法之一，就是对器物圈足进行比较，日本瓷器胎土相比漳州窑软，即熔剂较多，烧成温度偏低，圈足显出明显的油性强、亮度高。相反，漳州窑瓷器的胎体石英和铝含量较高，圈足显出较为粗糙、失光等特点。

其次，"垫砂装烧"作为晚明漳州窑的重要工艺特征，导致了产品中圈足常见有严重粘砂现象（图一〇）。日本称这一工艺现象为"砂足"，"砂足"也成了日本仿制的主要手法，然而日本产品中"砂足"的砂相比漳州窑较细，且砂的颗粒粗细和分布较为均匀，缺乏自然感（图一一）。

图九　19 世纪日本永乐和全红绿彩花卉纹碗
（景德镇颜山美术馆藏）

图一〇　晚明漳州窑红绿彩瓷"砂足"

图一一　19 世纪日本红绿彩瓷"砂足"

图一二　日本仿烧红绿彩瓷的"虫蚀"现象　　　　图一三　日本仿烧红绿彩瓷的
　　　　　　　　　　　　　　　　　　　　　　　　　　　　　　螺旋状修坯痕

　　再者，因地理位置的关系，作为岛国的日本国内存在着"诧寂"的美学观念[8]，即残缺之美反而成为审美追求。因此日本陶工在仿烧漳州窑红绿彩瓷的过程中会刻意在器物的口沿处制作成剥釉，造成一种"虫蚀"现象（图一二），或者在器物的底部有意保留螺旋状的修坯痕（图一三），这也可视为日本仿烧瓷的区别之一。

　　综上所述，通过溯源漳州窑红绿彩瓷的工艺和外销、外传，分析存世漳州窑红绿彩瓷及仿烧瓷的现状和相关鉴赏方式，希冀能引起一些共鸣，更期待能得到一些专家、学者的指点、指正，进一步理清漳州窑红绿彩瓷传承与发展的脉络和鉴定依据。

[8]　云雪：《自然观视阈下东亚瓷绘艺术的跨文化研究》，大连理工大学硕士学位论文，2019年。

前言

FOREWORD

　　瓷器是中国走向世界的名片。作为海丝瑰宝之一的漳州窑瓷器，经青铜时代的雏形初具，历宋元时期的崛起发展，至明清时期的繁荣璀璨，其艺术造诣和文化内涵曾一度在海上丝绸之路上绽放出多彩夺目的光芒，成为中外文化交流的历史见证。

　　然而在相当长的岁月里，漳州窑并不为世人所知，其陶瓷产品一直以"SWATOW（汕头器）""吴须赤绘""交趾瓷""华南三彩"等名称行销海外。直至 20 世纪 90 年代，在国内外考古界、陶瓷界的共同关注和努力下，其真正产地被发现，它们终于拥有了明确的身份——"漳州窑"瓷器。此次展览精选了域外回流的漳州窑瓷器珍品，芳华再现，以飨今人。

第一单元
千年窑烟·漳瓷一席

漳州地区的陶瓷文化可以追溯到距今 4000 多年前的新石器时代。商周时期，陶器、硬陶、釉陶器已在当地广泛使用，但秦代以后至唐代前期，窑烟一度沉寂。宋元时期，海上丝绸之路的逐步兴盛，刺激了沿海制瓷业，漳州窑业在短时期内形成较大的生产规模，青瓷、青白瓷成为重要海贸商品。这一生产局面的形成和工艺技术的发展，为明清时期漳瓷辉煌奠定了基础。

赵峰 致辞
上海中国航海博物馆党委书记、馆长

李海梅 致辞
漳州市博物馆馆长

秦唐沉寂

目前，在漳州市的考古调查中，尚
发现先秦至五代时期的古窑址遗存
在漳州市芗城区银都大厦工地的考古
掘中，出土了大量的唐——五代时期的
瓷器标本。

漳州市芗城区
银都大厦唐—五代遗址

唐中期至五代时期青瓷器物

一

先秦窑烟

史前新石器时代，东山大帽山遗址、诏安腊洲山遗址已发现陶器残片。距今 3000 年左右，漳州先民进入青铜时代，以虎林山文化为代表，陶器制作技术水平进一步提高，出现原始瓷器等。

漳州市龙文区青铜时代虎林山遗址考古发掘情景

虎林山遗址位于龙文区朝阳镇，考古发掘面积 2314 平方米，发现 20 座墓葬，形制为竖穴土坑，出土有生活用具、生产工具、乐器、饰品、兵器和礼器。

虎林山遗址墓葬清理现场

虎林山遗址 M2 器物排列

漳州市南靖县青铜时代土地公山遗址出土陶器

土地公山遗址位于南靖县金山镇，考古发掘面积 762 平方米，清理墓葬 10 座、灰坑 1 座，出土陶器、石器百余件。

漳州市平和县青铜时代钟铜山遗址出土陶器

钟铜山遗址位于平和县安厚镇，考古发掘面积 700 平方米，清理墓葬 3 座、灰坑 1 座，出土陶器有壶、豆、罐、盆等，多施釉，器物口沿常见钻孔，石器少量，主要为石锛。

青铜时代拍印折肩灰陶尊

口径 26.3、底径 15.5、高 26.5 厘米

残器修复。敞口，粗短颈，折肩，弧腹渐收，深腹，覆盘状圈足。灰陶，陶质较松。拍印短梳篦纹。

青铜时代陶尊

口径 32.6、腹径 28.8、高 48.7 厘米

残器修复。敞口折沿，尖唇外折，长颈，弧平肩，弧腹渐收，平底。施酱釉，基本失釉。泥质红陶。颈部多弦纹。

青铜时代方格纹单鋬灰陶壶

口径 16.7、底径 8.9、高 25.5 厘米

残器修复。圆唇敞口，直壁下收斗状颈，漏勺状鋬柄连于口腹，丰肩弧腹下收，平底。灰陶，陶质较硬。整器印网状方格纹。

青铜时代黑釉陶圈足壶

口径 11、腹径 20.2、底径 11.6、高 24.5 厘米

残器修复。斗状敞口，溜肩圆弧鼓腹，深腹，覆碗状圈足。施黑釉，釉色酱黑，釉质较润，施釉过底，圈足足底露胎。陶质胎，胎色发黄，胎质较硬。

青铜时代酱釉陶豆

口径 14.3、腹径 16.6、底径 11.3、高 18 厘米

残器修复。直口微敞，直壁弧外撇，折腰斜下收，喇叭状小高足。施酱釉，釉色褐黄，釉质较润，施釉过底，近乎满釉，脱釉处露胎。陶质胎，胎色发黄，胎质较硬。近口沿处相对两面分别有两个穿孔。

青铜时代黑衣盘口高圈足灰陶豆

口径 26.6、底径 15、高 12.8 厘米

残器修复。撇口，直壁折腹斜下收，高圈足。施酱釉，釉色黑褐，釉质干涩，施釉过底，近乎满釉，脱釉处露胎。灰陶，陶质较松。整器脱釉严重。

青铜时代褐釉"十"字纹灰陶罐

口径 5、腹径 6.7、底径 4.4、高 4.8 厘米

残器修复。直口，直壁外敞折弧腹，平底。施酱釉，釉色褐黄，釉质较润，施釉及底，平底露胎。灰陶，陶质较硬。罐身一侧有划刻"十"字纹。

青铜时代陶釜

口径 11.2、腹径 16.5、高 13 厘米

残器修复。敞口微束，削肩，折弧鼓腹斜下收圆底。红陶，陶质较松。

青铜时代陶簋

口径 19.5、腹径 21.4、底径 7.4、高 11.2 厘米

残器修复。直口微敞，溜折肩，折弧腹下收平底，饼状足。红陶，陶质较松。

青铜时代陶钵

口径 13.5、腹径 16.3、底径 6、高 9.5 厘米

残器修复。敛口，丰肩，圆弧腹，卧足。施黑釉，釉质干涩，施釉过底，近乎满釉，脱釉处露胎。红陶，陶质较松。整器脱釉严重。

二 秦唐沉寂

目前，在漳州市的考古调查中，尚未发现先秦至五代时期的古窑址遗存，但在漳州市芗城区银都大厦工地的考古发掘中，出土了大量的唐至五代时期的陶瓷器标本。

漳州市芗城区银都大厦唐至五代遗址

银都大厦唐至五代遗址位于芗城区延安北路。1999 年银都大厦工地发掘时，发现灰坑、柱洞等遗迹，出土大量唐末五代的陶瓷器。这批陶瓷器分别来源于不同窑口，在闽南地区尚属首次，对于研究漳州地区开发史和陶瓷史有着重要的参考价值。

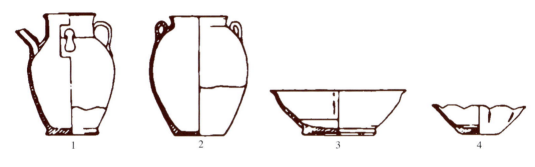

唐中期至五代时期青瓷器器物图
1. 执壶 2. 双系罐 3. 碗 4. 盘

唐青釉陶钵

口径 26、底径 10、高 15 厘米

残器修复。唇口平折，弧壁弧折直下收，饼状足。施青釉，施釉不均，釉色灰青，基本脱釉，内腔满釉，外壁施釉不及底，近底二分之一及足露胎，胎色灰白，胎质坚密。整器素纹。

唐四系陶罐

口径 14、腹径 32、底径 13、高 35 厘米

残器修复。方唇敞口，四系附肩，鼓腹弧下直收，深膛平底。胎色砖红，胎质较粗。四系皆为桥状系，整器素纹。

唐青釉双系瓷罐

口径 19.5、腹径 14、底径 8、高 12.5 厘米

方唇，直口微敞，双系附于肩，丰肩鼓腹弧下收，饼状足。施青釉，施釉不均，局部有流釉，釉色青黄，釉质显干，内膛满釉，外壁施釉不及底，近底三分之一及足露胎，胎色焦黄，胎质较粗。单系呈双股贴附蚂蟥状，外壁近底露胎处可见刮削痕。

唐青釉瓷碗

口径 19.5、底径 10、高 6 厘米

残器修复。尖唇敞口，直壁下收，饼状足。施青釉，釉色青灰，釉质显干，器内满釉，外壁施釉不及底，近底三分之二及足露胎，胎色灰白，胎质干涩。整器素纹，饼状足底有支钉痕。

唐青釉瓷盘

口径 15.7、底径 8.5、高 4 厘米

圆唇敞口，直壁微弧下收，浅腹平底饼状足。施青釉，釉色青灰，釉面失光，器内满釉，外壁施釉不及底，施釉不均，近底局部及饼状足露胎，浅灰胎色，胎质干涩。整器素纹。

唐青釉双耳瓷执壶

口径 11.5、腹径 15.5、底径 14、高 23 厘米

残器修复。敞口，直颈粗短，一流一柄，双耳附肩作系状，鼓腹饼足。施青釉，施釉不均，局部有流釉、积釉，釉色青黄，釉质不甚光润，内膛满釉，外壁施釉不及底，近底五分之一及足露胎，胎色灰白，胎质坚密。单耳及执柄呈双股贴附蚂蟥状。

五代青釉双系瓷罐

口径 10、腹径 16.7、底径 9、高 19.5 厘米

残器修复。方唇直口，双系附肩，鼓腹弧下收，深膛平底。施青釉，施釉不均，局部有流釉、积釉，釉色青黄，釉质不甚光润，内膛满釉，外壁施釉不及底，近底三分之一及底露胎，胎色砖红，胎质较密。单系呈双股贴附蚂蟥状。外壁近底露胎处可见刮削痕。

五代越窑青釉双耳瓷罐

口径 10、腹径 15.6、底径 11、高 15 厘米

残器修复。方唇直口，双耳紧附，折肩鼓腹弧下收，圈足外撇金杯底。施青釉，釉色灰青，釉质不甚光润，施釉过底，基本满釉，仅有圈足足底及圈足内支钉处露胎，胎色浅灰，胎质致密。双耳呈系状，正视如玉璧，侧视如垂叶，圈足内可见蛹形支钉痕。

五代青釉双耳瓷执壶

口径 11、腹径 16、底径 9.5、高 20 厘米

残器修复。圆唇敞口，直颈折收，一流一柄，双耳附肩呈系状，鼓腹下收饼状足。施青釉，施釉不均，局部有流釉、积釉，釉色青灰，釉质显干，内膛满釉，外壁施釉不及底，近底二分之一及足露胎，胎色灰白，胎质坚密。单耳呈条状侧贴，执柄作双股条状。

五代青釉双耳瓷执壶

口径 9.7、腹径 16.2、底径 9.7、高 20.5 厘米

残器修复。方唇外翻，直颈粗短，一流一柄，双耳附肩作系状，鼓腹下收饼状足。施青釉，施釉不均，局部有流釉、积釉，釉色青黄，基本脱釉，内膛满釉，外壁施釉不及底，近底五分之一及足露胎，胎色深灰，底部生烧。单耳及执柄皆为宽扁条状。

三 宋元初兴

　　宋元时期，随着海上丝绸之路的兴盛，漳州的青瓷、青白瓷成为重要的海贸商品，主要窑址有东山县的磁窑村窑，云霄县的水头窑，漳浦县的罗宛井窑、英山窑、竹树山窑及漳平市的永福窑等。

漳州地区宋元窑址一览表

县区	窑址	年代	产品
漳浦县	罗宛井窑	宋	青瓷、青白瓷、白瓷。主要器形：盘、碗、盏、杯、壶、炉、瓷塑
	赤土窑	南宋、元	青瓷、黑釉瓷、褐釉瓷、白瓷。主要器形：碗、盘、杯、盏、盅、壶、盆、钵、建筑构件
	南山窑	宋	青瓷。主要器形：碗、钵、盘、盏
	石步溪窑	宋	青瓷。主要器形：碗、盘
	竹树山窑	宋	青瓷。主要器形：碗、壶、盘、杯、瓶、罐
	美林窑	元、明	青瓷。主要器形：碗、盘
	英山窑（南门坑窑）	宋	青瓷。主要器形：碗、盘、瓶、罐
	石寨窑	元、明	青瓷。主要器形：碗、盘、杯
诏安县	侯山窑	宋	褐釉瓷、黑釉瓷。主要器形：罐、缸、壶、碗
	后壁山窑	宋	褐釉瓷、青瓷。主要器形：缸、碗
	麻园窑	宋	褐釉瓷、黑釉瓷。主要器形：罐、缸、盆
	上陈窑	宋	褐釉瓷。器形可能是罐。
	双港肥窑	宋	青瓷。主要器形：碗、盆
东山县	磁窑村窑	宋	青瓷。主要器形：碗、罐、壶、碟
龙海区	金山瓷窑	宋	青瓷、褐釉瓷。主要器形：罐、碗、瓶
云霄县	上坂青瓷窑	元、明	青瓷、青白瓷。主要器形：碗、碟、盘、高足杯
	水头窑	宋	青瓷、青白瓷。主要器形：碗、瓶
长泰县	碗盒山窑	南宋	青瓷。主要器形：碗、壶
漳平市	永福东寨山窑	宋、元	青白瓷。主要器形：碗、盘、罐盖
	永福岭下窑	宋	青白瓷。主要器形：碗、高足杯、盘、壶、瓶、粉盒和盏
	永福上窑盂窑	宋、元	青瓷、青白瓷。主要器形：碗、盘、碟、杯
	永福石头岭窑	宋、元	青白瓷。主要器形：碗、高足杯、瓶、碟、花口碟、盘
	永福塘坑口窑	宋、元	青白瓷。主要器形：碗、盘、碟和熏炉
	永福古井潭窑	宋、元	青白瓷。主要器形：碗、高足杯、盘、炉、瓶、壶
	永福平坑口窑	宋、元	青白瓷。主要器形：碗、花口碗、高足杯、瓶、罐盖、盒、熏炉

漳州市漳浦县宋代罗宛井窑址考古发掘情景

　　罗宛井窑址位于漳浦县沙西镇罗宛井村，时代约为北宋中晚期至南宋早期。1999 年，为配合漳诏高速公路建设进行抢救性考古发掘，共发掘面积 500 平方米，揭露窑炉遗迹二处，产品以青瓷、青白瓷为主。

漳州市云霄县宋代水头窑址考古发掘情景

　　水头窑址位于云霄县火田镇水头村，属宋代窑址。1957 年发现，窑址在西南山坡东西 50 米、南北 200 米的范围内，散布有大量青瓷、青白瓷器残片及匣钵、垫饼等，器形多为碗类，也有盘、碟、执壶、器盖等，装饰方法除素面外，仅见釉下刻花或划花，有单线勾勒、斜刀剔刻、篦纹填饰等。

青白瓷碗

口径 17.4、底径 6.8、高 5.9 厘米

外壁素面，内壁腹底交接处刻凹弦纹一周。

青瓷小碗

口径 12.8、底径 5.5、高 6.3 厘米

口沿微折，平底素纹。足内外皆可见修胎痕迹。

青瓷盘底

底径 6.3、残高 4.2 厘米

外壁素面，内底可见篦点纹、刻划的卷草纹，内壁腹底交接处刻凹弦纹一周。

匣钵

口径 23.5、底径 8.6、高 12.4 厘米

内壁近口沿处和腹底交界处均刻划弦纹一周，中间饰刻划卷草纹，间饰篦划纹，外壁纹饰状况不明。

青瓷盘

口径 18、底径 5.8、高 5.1 厘米

内壁花口处下沿见有出筋装饰，腹底交界处刻划凹弦纹一周，内底饰卷草纹，周围饰多道篦点纹。外壁素面无纹饰。

支座

顶径 9.5、底径 7.8、高 13.8 厘米

外壁刻画有"⚡"字。近顶处有制作时留下的手指窝痕。

青瓷器口

外口径 15.2、内口径 14、系长 3.5、系宽 1 厘米

肩部带一贴塑的竖向半环状系，捏制而成，不甚规整，系上依稀可见指纹残留。

酱釉盏底

底径 3.9、残高 5.1 厘米

内外壁均见有黑彩，内壁呈放射状。

酱釉盏托

托盏口径 4.7、托盘口径 8.8、底径 3.2、高 3.8 厘米

直口微敛，腹出脊轮，是为盘托，下部渐收，圈足内扣，重心下沉。施酱釉，施釉不及底，托口和底足露胎，胎色土黄，胎质较硬。

青瓷器盖

残高 7.9 厘米

子口、残顶，呈束腰喇叭状，施青釉。

青瓷器盖

残高 7.9 厘米

子口、残顶，呈束腰喇叭状，施青釉。

青白瓷器底

底径 6.2、残高 5.5 厘米

内壁饰有篦划纹与卷草纹，外壁无纹饰。

青瓷碗

口径 16.6、底径 5.9、高 6.2 厘米

内壁饰有篦划纹，外壁饰有篦划纹与
大瓣莲瓣纹。

青瓷碗

口径 16.8、底径 5.7、高 7 厘米

内壁无纹饰，外壁饰有篦划纹。

青瓷盘

口径 13.3、底径 7.1、高 3.5 厘米

内底心模印花卉纹。

青白瓷盘

口径 14.8、底径 4.7、高 3.8 厘米

内壁近口沿处饰一周弦纹，其下刻划两周蕉叶纹，内底心微凸起，似表示花心，外壁素面。

青白瓷碗

口径 14.6、底径 5.6、高 8.1 厘米

内壁近口沿处见一周弦纹，其下刻划卷草纹，外壁素面。

青白瓷小碗

口径 11.8、底径 4.2、高 5.9 厘米

花口对应处内壁见出筋装饰，外壁见压棱。内底釉面见有意义不明的刻划痕迹，可能为制作时不甚造成。

青白瓷盏

口径 12、底径 3.7、高 5.1 厘米

内壁间饰鱼鳞纹与篦划纹，腹底交界处见一周弦纹，其下以内底心为中心饰放射状的篦划纹，外壁素面。

青白瓷盏

口径 11、底径 3.7、高 4.4 厘米

敞口微撇，直壁下收，矮窄圈足。施青白釉，釉质清润，釉色青白，施釉及底，圈足内及足底露胎，胎质细腻，胎色白皙。

青白瓷盒

口径 8.4、底径 5.3、高 6.3 厘米

直口尖唇，直壁下收，矮圈足。施青白釉，施釉过底，子口及圈足足底露胎，胎质较细，胎色白皙。

青白瓷器盖

高 5.2 厘米

桔梗纽，弧壁下放，至底渐收，施青白
釉，施釉过底，盖底露胎，胎质细腻，
胎色白皙。

青白瓷执壶腹片

残高 16.5 厘米

口沿下方有一道弦纹，细长颈部部分刻划
蕉叶纹，以弦纹与口部分隔。肩部刻划鱼
鳞纹，外腹壁用竖条纹分割成若干区间，
饰有羽毛纹。

青白瓷碗

口径 14.6、底径 5.1、高 7.8 厘米

内壁近口部饰有一圈弦纹，弦纹下饰有卷草
花卉纹，内底饰有菱形开光，开光内绘有回
首卧鹿纹。外壁近口部与近足部各有一圈弦
纹，弦纹之间饰有鱼鳞纹。

青白瓷碗

口径 18.2、底径 5.4、高 7.1 厘米

外壁素面，内壁近口部装饰一周弦纹，内壁可见篦点纹、刻划的卷草纹，外壁可见轮旋痕、跳刀痕、拉坯痕迹。

青白瓷盘

口径 13.6、底径 4.6、高 3.1 厘米

外壁素面，内壁腹底交界处饰有一周弦纹，内底模印婴戏团花纹，清晰程度不高。

青白瓷盘

口径 13、底径 4、高 2 厘米

外壁素面，内壁腹底交界处饰有一周弦纹，内底模印婴戏团花纹，清晰程度不高。

青白瓷小碗

口径 11.5、底径 4.4、高 5.9 厘米

内壁近口部饰有一圈弦纹，弦纹下饰有卷
草花卉纹，外壁饰有折扇纹。

青白瓷炉

底径 6、残高 8.2 厘米

炉体上部残，沾有一片足残片，炉中部是
竹节状短柄，共三节，花瓣状高足，足上
部呈三层阶梯状，足下部有近圆形镂孔。
炉体外壁饰有刻划莲瓣纹高浮雕。

青白瓷杯

口径 6.8、底径 3.7、高 5.9 厘米

内壁素面，外壁接近口沿处有一圈弦纹，
外腹部饰以竖线纹。

四　明清辉煌

　　明清时期，随着月港的繁荣，漳州窑业进入黄金时代。漫山遍野的瓷器碎片、随处可见的烧瓷工具、规模庞大的窑炉，呈现了当年千百水碓、漫野窑烟的盛景。

漳州地区明清窑址一览表

县区	窑址名称	地点	年代	产品
平和县	南胜窑址（田中央窑址）	平和县五寨镇新美村田中央自然村后的碗窑山	明	青花瓷、青瓷、白瓷和五彩瓷。器形有盘、碗、钵、罐、炉
	南胜窑址（二垅窑址）	平和县五寨镇新塘村二垅山	明	青花瓷为主，少量白瓷。器形有盘、碗、碟
	南胜窑址（洞口陂沟窑址）	平和县五寨镇寨河村	明	青花瓷为主，少量白瓷、青瓷和酱釉瓷。器形以盒为多，其次为瓶、炉、罐、碗，少量盘、碟、盅、盏
	南胜窑址（花仔楼窑址）	平和县南胜镇龙心村花仔楼村	明	青花瓷、青瓷、白瓷、酱釉、蓝釉、五彩瓷，以青花瓷为主。器形有盘、碗、碟、杯、钵、盆、罐、瓶
	南胜窑址（大垅窑址）	平和县五寨镇新塘村	明	青花瓷为主，少量白瓷。器形有大盘、盘、碗、碟
	南胜窑址（田坑窑址）	平和县南胜镇法华村田坑村	明	素三彩瓷。器形以盒为主，模制，有动物形、花果形、几何形；还有少量的碗、盘、瓶、罐、灯具、佛像
	焦山窑	平和县南胜镇欧寮村仓仔村	明末清初	青花瓷为主，少量白瓷、素瓷及部分五彩瓷。器形有盘、碗、盒
	泥鳅崆窑址	平和县五寨乡新美村	明	青花瓷为主，部分白瓷。器形有盘、碗
	狗头窑址	平和县五寨镇新塘村狗头山	明	青花瓷、青瓷为主，少量五彩瓷。器形以盘、碗、碟为多
	窑仔山窑址	平和县五寨乡新美村	明	青花瓷、白瓷、青瓷、蓝釉。器形以大盘为主
	内窑仔窑址	平和县五寨镇新塘村内窑仔山	明	青花瓷、青瓷为主，少量五彩瓷。器形有盘、碗、碟、炉、罐
	扫帚金窑址	平和县五寨镇新美村扫帚金山	明末清初	青花瓷为主，部分白瓷。器形有盘、碗
	螺仔山窑址	平和县五寨乡新美村	明	青花瓷为主，器形有盘、碗、碟
	后巷窑址	平和县五寨镇新美村后巷村	明	青花瓷为主，少量的白瓷、蓝釉。青花纹样有山水、祥瑞、文字
	城仔迹窑址	平和县五寨镇寨河村	明	青花瓷为主，少量的白瓷。器形有盘、碗、碟
	官峰窑址	平和县霞寨镇官峰村	清	青花瓷为主，少量五彩瓷。器形有盘、碗、碟
南靖县	封门坑窑址	南靖县龙山镇西山村	清	青花瓷、白瓷、青瓷。器形有盘、碗、碟、茶壶、茶盅、香插
	碗窑坑窑址	南靖县金山镇荆都村	明	青花瓷。器形有盘、碗
漳浦县	澎水窑址	漳浦县石榴镇攀龙村	明末清初	青花瓷。器形有盘、碗
华安县	上虾形窑址	华安县高安镇东溪窑址	明清	青花瓷。器形有盘、碗、罐、炉
	扫帚形窑址	华安县高安镇东溪窑址	清	青花瓷。器形有盘、碗
	马饭坑形窑址	华安县高安镇东溪窑址	清	青花瓷。器形有盘、碗、权

各窑址遗迹图

马饭坑形窑址

扫帚形石窑址　　　　　　　　　上虾形窑址 Y1 窑炉遗迹

封门坑窑炉遗迹和局部图

碗窑坑窑炉遗迹　　　　　　　　南胜窑址（洞口陂沟窑址）遗址

各窑址出土器物图

马饭坑形窑址出土的盘、权、碗和匣钵

上虾形窑址出土的 A 型Ⅰ式碗、A 型Ⅱ式碗、A 型Ⅲ式碗、B 型Ⅰ式碗、B 型Ⅱ式碗

上虾形窑址出土的白瓷碗、白瓷杯、白瓷盘、酱釉碟、青瓷炉、匣钵

上虾形窑址出土的青花瓷和器盖

封门坑窑址出土的器物

碗窑坑窑址出土的器物

澎水窑址出土的器物

第二单元
土火凝珍 · 瓷彩纷呈

　　明清时期，在漳州窑业两大窑群中，东溪窑群以烧造单色釉瓷闻名，平和窑群则以烧造外销彩瓷著名。单色釉瓷分青、白、蓝、绿、酱釉等品类，彩瓷有青花、五彩、素三彩等三大类。无论单色釉瓷，抑或绚烂彩瓷，均有修坯粗率的日用器皿，也有精雕细琢的摆设供器等。单色釉瓷，尤其米黄色釉瓷，以其冰裂之美独领风骚；彩瓷则以其奔放洒脱的中国风图案，于泛海之地异域流辉。

一

古朴典雅米黄釉

米黄釉是漳州地区烧造独特的单色釉瓷器，施白釉泛黄，釉面呈大小不一的开片，专称"漳窑"。它创烧于明中期，盛于明末清初，衰于清后期。其胎质明代致密，清代渐粗松。漳窑瓷以人物神像、陈设供器为大宗，运用堆塑、贴塑、镂雕、刻划花的装饰手法，器物造型古朴庄重、刚柔并济。米黄釉釉面自然冰裂的质感，产生含蓄朦胧的韵味，历来受到世人青睐。

各大博物馆收藏的漳窑瓷器

清郭柏苍《闽产录异》记载："漳窑出漳州，明中叶始制白釉米色器。其纹如冰裂。旧漳焯器虽不及德化，然犹可玩也。唯退火处略黝，越数年，黝处又复洁净。近制者釉水，胎地俱松。"

山东兖州博物馆藏明弘治蟠螭尊

福建博物院藏"大明嘉靖丙辰年"款漳窑释迦牟尼立像

中国国家博物馆藏"大明万历乙卯年"款漳窑释迦牟尼坐像

上海博物馆藏明成化释迦牟尼佛坐像

台湾鸿禧美术馆藏"大明万历乙卯年"款漳窑赵公明财神立像

清乾隆白釉刻牡丹纹瓷花觚

口径 18.6、底径 13.5、高 35.5 厘米

喇叭口，尖圆唇，长腹直筒，中部鼓圆，腹底
外撇出棱，矮圈足，呈两层台状。浅灰胎，外
施米色白釉，釉面莹亮，开细小冰裂纹，足内
满釉。腹鼓圆部刻划牡丹花纹，上下各饰两道
弦纹，足底内心印阳文"大清乾隆年制"。

清漳窑米色白釉回纹瓷觚

口径 17.1、底径 7.1、高 44.3 厘米

喇叭口，圆唇，直筒腹，近底外撇，矮圆足，呈两层台
状。浅黄胎，施米色白釉，内口沿下未施釉，有明显轮
修痕迹。中部有一圈微凸处，模印五排回纹，为该器物
装饰带。

清漳窑米色白釉堆贴三羊开泰纹瓷瓶

口径 13、底径 10.6、高 42.3 厘米

喇叭口，圆唇，长颈，溜肩，丰腹弧收，卧足底。浅黄胎，胎体厚重，胎质致密，烧结度高。外施米色白釉，釉面莹亮，开细小冰裂纹，内壁颈下未施釉。瓶身颈部有一道弦纹，肩部上下有两道弦纹，在弦纹中间模印回纹装饰带。造型庄重秀美，特别是该器物腹部贴塑多用作岁首称颂之辞的主题图"三羊开泰"，构图疏密有致，三只羊形态各异，栩栩如生，珊瑚石采用点刺的手法，质感很强。

清漳窑米色白釉双铺首耳瓷橄榄瓶

口径 7、腹径 17.2、底径 10.2、高 31.6 厘米

敛口，圆唇，长椭圆形腹，卧足。浅黄胎，胎体厚重，胎质致密，外施米色白釉，开细小冰裂纹。口沿及近底各有两道凹弦纹，器身上部对称贴塑铺首耳，呈象面衔环状。

清漳窑米色白釉瓜形瓷瓶

口径 3.8、腹径 12.3、底径 7.4、高 25.3 厘米

敛口，圆唇，瓜形腹，圈足。浅黄胎，施米色白釉，釉面莹亮，开细小冰裂纹，足跟露胎。

清漳窑米色白釉双铺首长方瓷瓶

口径长 10.8、宽 7.8、底径长 10.8、宽 7.2、高 32 厘米

方唇厚，口微敞，直短颈下收，折肩丰满，直腹近底渐收，宽边矮圈足。浅黄胎，胎体厚重，施米色白釉，开细小冰裂纹。瓶身对称贴塑狮面衔环耳。

清漳窑米色白釉蕉叶纹长颈瓷瓶

口径 9.1、底径 8.8、高 32.4 厘米

清漳窑瓷如意观音立像

底径 12、通高 45 厘米

模印成形。观音呈站立状，头戴幔巾，梳发髻，身
着长袖披帛、长裙，颈部戴项饰，手捧如意，站立
于祥云台座上，底略呈圆形，中空。灰白胎，施米
色白釉，釉面莹亮，开细小冰裂纹，底露胎。

清漳窑米色白釉瓷仙翁立像

底径 12.7、通高 32.2 厘米

模印成形。仙翁呈站立状，身着长袖长袍，袒胸，左手握寿桃，右手持如意，站立于祥云台座上，台座略呈圆形，中空。灰白胎，施米色白釉，釉面莹润，开细小冰裂纹，底部露胎。

清漳窑米色白釉瓷弥勒坐像

底径 11、高 13.8 厘米

主体模印成形，复合贴塑、雕刻等工艺。弥勒坐像大耳垂肩，袒胸露乳，开怀大笑，右手捏一寿桃，左手抚钱坤袋，鼓肚屈腿，逍遥自在。施米色白釉，施釉及底，釉质莹润，开片细碎，平底露胎，胎质坚密。除了人物口部为泄气孔，整体实心。

清漳窑米色白釉瓷福德正神坐像

底径 10.3、通高 21.5 厘米

模印成形。土地公呈坐状，头戴冠，身着长袖大衣、长袍，左手捧元宝，右手持拐杖，底部中空。灰白胎，施米色白釉，釉面莹润，开细小冰裂纹，底部露胎。

清漳窑米色白釉瓷何仙姑立像

底径 8.5、通高 33 厘米

模印成形。仙姑呈站立状，身体微前屈，身着窄袖长裙，左手环抱一个荷花篮，右手呈播撒状，底座为圆柱形，中空，外壁贴塑荷花。灰白胎，施米色白釉，釉面莹润，开细小冰裂纹，底部露胎。

明漳窑米黄釉印回纹双耳三足炉

口径 20、高 36.2 厘米

鼎式炉。冲天耳，方唇直口微敛，直壁下弧腹收，深腹，三象足。施米色黄釉，釉色奶白，釉质肥腻，施釉及底，内膛局部与三足底露胎，胎色黄白，胎质紧密。器腹上方有两周弦线，作双阴挤阳状，中间为炉身纹饰带，模印整周双排回纹。整器釉面遍布均匀开片。

明漳窑米色白釉竹节瓷三足炉

口径 18.3、高 11 厘米

筒式炉。方唇直口，圆筒腹，平底，蝶状三足。浅黄胎，胎较厚重，外施米色白釉，开细小冰裂纹。外底部有刀修刮釉一圈，圈内及三足露胎，呈浅褐色，内口沿下未施釉。炉身侧起线三道弦纹，呈竹节状，中腹有不明显划印纹，足面中部刻划两撇卷曲线条，为写意蝴蝶的触角。

清漳窑米色白釉竹节形瓷香炉

口径 6.5、高 4.3 厘米

方唇直口，筒身三足，唇口漫釉至内壁，内膛露胎。外壁施釉过底，圈足足底露胎。釉质莹润，胎质坚密。器身体侧起线四棱，作竹节状。

清漳窑米色白釉瓷三足炉

口径 26.3、腹径 32.8、高 8.6 厘米

花式炉。敛口圆唇，扁圆鼓腹，三乳足。浅黄胎，通体施米色白釉，釉面莹亮纯净，有光亮悦人的玻璃感，开稍大的冰裂纹。

清漳窑米色白釉双狮耳瓷簋式炉

口径 12、底径 10、高 8.5 厘米

圆唇，敞口，铺耳，鼓腹，小高圈足，四字印款。圈足中心戳四字方款，印款比较模糊。施米色白釉，内膛器壁施釉，膛底露胎。外壁施釉过底，圈足足底露胎。釉质莹润，胎质坚密。双耳作铺首状，先模印出胚再结合贴塑工艺附于口沿下方。簋本为青铜器中食器的一种器型，亦为礼器、明器，墓葬中九鼎八簋便是其中礼制之重，而此炉造型大体轮廓便是仿其形制（无耳簋）之一。

清漳窑米色白釉刻划加彩双狮纹瓷罐

口径 15.8、腹径 17.9、底径 11.6、高 13.5 厘米

圆唇外敞，束口丰肩，鼓腹渐收，近底部外撇，圈足。灰白胎，施米色白釉，釉面莹亮，开细小冰裂纹，足跟刮釉露胎。外壁自口沿而下用红、黄、蓝描绘四层图案，分别为蕉叶纹、花卉纹、双狮祥云纹、水草纹。

清漳窑米色白釉变形云雷纹大口瓷罐

口径 24、底径 17.2、高 18.6 厘米

圆唇，敛口，丰肩，斜收腹，圈足。浅黄胎，胎体厚
重，施米色白釉，釉肥润，釉面莹亮，开细小冰裂纹。
内口沿下未施釉，足跟刮釉露胎，呈黝黑色。外壁近口
处模印一周如意云头纹，腹部印简体夔纹，近底模印连
瓣纹，瓣中刻划篦梳状线条纹。

清漳窑米色白釉瓷罐

口径 18.5、腹径 26.5、底径 20.8、高 15.5 厘米

圆唇直口，丰肩直壁微弧下收，玉瑗状圈足。施米色白釉，釉质莹润，施釉及底，圈足露胎，胎色白皙，胎质细腻。器身釉面遍布均匀小开片，开片上沁色不均匀。

清漳窑米色白釉四系瓷罐

口径 11.6、底径 19.3、高 34 厘米

圆唇直口，四桥系，丰肩弧腹下收，平底。施米色白釉，施釉及底，平底露胎，釉质较润，胎质干涩。整体开片细碎均匀，口沿局部有磕损。罐上四系模印兽面。

民国漳窑米色白釉瓷大罐

口径 13.6、底径 17、高 36 厘米

圆唇外翻，敞口，丰肩，鼓腹渐收，卧足。灰白胎，施米色白釉，釉面莹亮，开细小冰裂纹，足跟露胎。

清漳窑米色白釉双面寿星瓷执壶

底径 13.5、高 25.7 厘米

模印成形，双面图案相同。寿星呈站立状，身着长袖大衣、长袍。寿星头顶部开椭圆形口，一侧堆塑兽形流，另一侧堆塑鹤形把。灰白胎，施米色白釉，釉面莹润，开细小冰裂纹，底部露胎。

清漳窑米色白釉喜上眉梢南瓜瓷把壶

口径 7.8、底径 11.5、高 12 厘米

盖为瓜蒂形纽,子母口;器身敛口,瓜形腹,平底内凹。圆唇。灰白胎,施米色白釉,釉面莹亮,开细小冰裂纹,足跟露胎。器身腹部一侧捏塑喜鹊形流,一侧捏塑梅花虬枝錾把,一面刻有文字"乌稗瓢",落款为"伯年先生 清赏溯人"。

清漳窑米色白釉梅花纹瓷把壶

口径 6.1、底径 11、高 27.6 厘米

唇口微敞，直颈溜肩，一流一柄，鼓腹贴花，下
收平底。施米色白釉，施釉及底，内膛及平底露
胎，釉色较润，胎质坚密。局部少许剥釉，整体
结均匀细碎开片。流有模印，柄有雕刻，腹上贴
饰梅花捏塑。

清米色釉印花纹瓷鼻烟壶

口径 0.5、底径 1、高 3 厘米

圆唇直口，溜肩直壁下收腰外撇，平底。施白
釉，釉色米白，釉质莹润，施釉及底，内膛与
底露胎，胎色灰黄，胎质较硬。壶身侧面模印
花卉图案。器身局部有附着物。

清漳窑米色白釉堆贴六铺首瓷洗

口径 14、腹径 17.2、底径 10.7、高 7.8 厘米

圆唇微敞，直口削肩，鼓腹下收，二层台圈足。施米色白釉，釉质肥润，施釉过底，圈足足底露胎，胎色灰白，胎质细腻。器肩模印一圈条状纹饰，器腹堆贴六枚铺首状纹饰，为正面团龙。每只团龙上在口隙，角边，爪逢等都有戳点泄气孔。器身整体有较均匀的开片。

清漳窑米色白釉荷叶形瓷洗

口径 18、高 7.9 厘米

厚桩。方唇直口，直壁弧下收，四足。施米色白釉，釉质肥润，施釉过底，四足足底露胎，胎色黄白，胎质坚密。整器作仿生荷叶状，胎壁极厚实，四足呈镂雕向上支撑的枝脉状。整器遍布细碎均匀开片。

清漳窑米色白釉瓷盘

口径 21.3、底径 12.2、高 2.6 厘米

圆唇广口，直壁下收，宽矮圈足。施米色白釉，釉质肥润，施釉过底，圈足足底露胎，胎色乳白，胎质细腻。盘内近口沿处有两圈平行阴刻线，整器有较大的均匀开片。

清漳窑米色白釉狮子戏球瓷塑

长 23.5、宽 13.3、高 26.4 厘米

摆件、赏件，主要以模印成形，并结合雕刻、贴塑多种复合工艺。施米色白釉，釉面莹亮，开细小冰裂纹，施釉及底，底部露胎，胎色灰白，胎质较细，底有排气孔。其形象威武有力，童颠卷鬃，宽鼻阔口，怒目圆瞪，右前腿踏于球上。按照中国民俗传统文化的说法，狮分雌雄，常驻门前，各司其职并共同守护身后家宅，一般雄狮卷鬃，腿爪踏球，意为圆满尽善；雌狮直鬃，腿爪踏崽，意为多福兴旺。

清漳窑米色白釉瓷碟

口径 5.6、底径 3.5、高 1.1 厘米

海棠形碟。花口，方唇敞口，弧壁下收，海棠形矮圈足。施米色白釉，釉质肥润，施釉过底，圈足足底露胎，胎色乳白，胎质细腻。整器有均匀的小开片。

清末漳窑米色白釉瓷烛台

口径 8.3、底径 7.5、高 11.2 厘米

圆唇敞口，弧腹下收，钟状高圈足。收腹与足跟连接处呈束腰状，内膛有中空柱状烛座。施米色白釉，釉质莹润，施釉及底，烛座内与圈足内露胎，胎色黄白，胎质坚密。整体造型新颖，宛若摇铃。

清漳窑米色白釉瓷带座狮子烛台

底径 8、通高 10 厘米

造型为一只蹲坐于须弥台上的狮子。模印、合范、接胎而成。烛座柱状中空，倚贴狮背，须弥台为底面龟形六棱高圈足。施米色白釉，釉质莹润，施釉及底，圈足内及足底露胎，胎色黄白，胎质较细。须弥台正面与背面皆模印"福"字。细碎开片遍布整器釉面。

明漳窑米色白釉镂孔双兽耳瓷绣墩

顶径 27.6、底径 26.7、高 37.5 厘米

鼓形，平顶微凸，圆鼓腹，平底。施米色白釉，施釉不及底，器内不施釉，釉面开细小冰裂纹。外壁上下边各饰一周鼓钉及一道凸起的弦纹，外壁上部对称狮面铺首衔双圈，圈内镂空。

清米黄釉八角瓷杯

口径 6、底径 3、高 4 厘米

八棱八角，敞口，直壁微弧斜下收，平底四短足。施米色黄釉，釉质较润，施釉过底，四足足底露胎，胎色黄白，胎质较细。俯视杯口，并非八棱等距，其形若龟状。整器遍布均匀小开片。

清漳窑米黄釉瓷杯

口径 7.6、底径 4.2、高 3.7 厘米

尖唇微撇，直壁斜下收，平底，玉环式圈足。施米色黄釉，釉质莹润，施釉过底，圈足足底露胎，胎色黄白，胎质坚密。此杯造型整体流畅，一气呵成，胎壁重心往下，俗称"压手杯"。

清漳窑米色白釉弦纹瓷缸

口径 14.5、底径 7、高 9 厘米

圆唇外翻，直口微敞，直壁略弧下收，卧足。施米色白釉，釉质较润，施釉及底，卧足露胎，胎色灰暗，胎质坚密。器身上部起线三条，两窄一宽，组合为三条平行的弦纹装饰带。釉面整体遍布开片。

清米黄釉荷花纹瓷粿印模

口径 8.7、底径 3.5、高 3.2 厘米

印面平，弧壁下收器身，接粗短柱状压柄，实心。施米黄釉，釉质莹润，施釉及底，柱状压柄顶部露胎，胎色灰白，胎质坚密。印面为居中莲池纹，边饰梳篦纹一圈，印于粿品上的图案则为一朵荷花，一朵花苞，一片荷叶，寓意一团和气。

二　沉静含蓄颜色釉

　　单色釉瓷是指釉中含有不同的化学成分，在瓷胎上施釉后经窑火焙烧后，呈现出单一色泽的瓷器。如釉中含有一定量的铁元素，烧成后即为青釉瓷器；釉中含有一定量的铜元素，烧成后即为红釉瓷器。漳州窑单色釉瓷品种丰富，有青瓷、青白瓷、白瓷、酱釉、瓷蓝釉瓷和绿釉瓷等，装饰手法有刻划、模印、堆花等，以釉质的沉静含蓄之美享有盛名。

　　明《漳州府志》卷十《户纪·物产·布货部》记载："白瓷器出漳平永福里，黑瓷器出南靖河头，青瓷器出南靖县金山。"

明漳州窑青釉三足大香炉

口径 20.4、高 40.5 厘米

鼎式炉。立耳方唇，直口深膛，上束下放弧腹接三足。施青釉，釉色青翠发蓝，釉质莹透，施釉过底，足底露胎，胎色白皙，胎质坚密。炉耳为冲天耳，腹上起线两条双股弦棱作箍圈状，于双棱间模印商式凤鸟纹。整器遍布均匀小开片。

明青釉划花瓷三足炉

口径 35.5、高 16.3 厘米

直口，平沿，束颈，圆腹，平底，三足。施青釉，开细小冰裂纹，炉内外底露胎，砖红色胎，胎体厚重。颈部划一圈波浪纹，腹部划网状纹。

明青釉瓷三足香炉

口径 17.5、高 7.8 厘米

方唇外撇，直口微敞，丰肩圆腹，饼状二层底，三足作灵芝状。施青釉，釉色淡雅，釉质莹润，施釉不及底，炉内底及外底露胎，胎色灰白，胎质坚密。炉腹满刻整周水波纹。腹底上层饼状结构并联三足，三足灵芝造型模印模糊。

明酱釉双铺首瓷圈足炉

口径 12.6、底径 7.3、高 7.6 厘米

尖唇外敞，束口铺耳，弧腹下收，矮圈足。施酱釉，釉层较厚，釉质乳浊，施釉不及底，口沿内侧以下内腔与圈足露胎，胎色黄白，胎质较松。炉身两侧贴附铺耳，铺耳为印模铺首纹饰。炉身有裂。

明漳州窑蓝釉瓷三足炉

口径 28.2、高 11.5 厘米

方唇外翻，直口微敞，圆腹平底，底有挖槽，三足外撇。施蓝釉及白釉，釉色幽蓝，釉质莹润，施釉不及底，炉内底及外底露胎，胎色黄白，胎质坚密。施釉时采用洒蓝工艺，于内底及外底露胎边缘，三足内侧，皆可见头层白釉，炉腹侧整周暗刻纹饰，腹底单阴线并联三足。器口沿略有磕损。

清漳州窑青釉暗花瓷三足筒炉

口径 15.6、高 14 厘米

圆唇内折，宽沿直口，直腹三足。施青釉，釉色青翠，釉质莹润，施釉过底，足底及内壁露胎，胎色灰白，胎质坚密。炉侧整周有暗刻纹饰。整器釉面遍布开片，大开片套小开片。

清漳州窑青釉印花花卉纹瓷三足筒炉

口径 12.3、高 10 厘米

圆唇内折，宽沿直口，直腹三足。施青釉，釉色青翠，釉质莹润，施釉过底，足底及内壁露胎，胎色灰白，胎质坚密。炉侧整周有暗刻纹饰，由上至下为云雷纹、折枝花卉主纹饰、浪卷纹。整器釉面遍布均匀的大开片。

清青釉印花回纹瓷三足炉

口径 23.9、高 14.2 厘米

圆唇内翻，敞口粗束颈，丰肩弧腹，下收平底，三乳足。施青釉，釉色青翠，釉质晶莹，施釉及底，平底露胎，胎色黄白，胎质细腻。整器近乎满纹，纹饰多用剔刻工艺施技，口沿饰一圈回纹，束颈围一周水波纹，接丰肩披一周荷叶纹，紧接着大面积变形夔龙纹。纹饰阴线处多有积釉，眼感深邃清澈。

清漳州窑青釉直筒刻花香炉

口径 25.2、高 20.6 厘米

圆唇内折，宽沿直口，直腹三足。施青釉，釉色青翠，釉质莹润，施釉过底，足底及内壁露胎，胎色灰白，胎质坚密。炉侧整周有暗刻纹饰，由上至下为云雷纹与花卉主纹饰。整器釉面遍布均匀的大开片。器口有冲，外壁近底侧面处缩釉严重。

清漳州窑蓝釉瓷三足炉

口径 22.4、高 9.7 厘米

方唇外翻，直口微敞，圆腹平底，底有挖槽，三蹄足。施蓝釉及白釉，釉色湛蓝，釉质莹润，施釉不及底，炉内底及外底露胎，胎色黄白，胎质坚密。施釉时采用洒蓝工艺，于内底及外底露胎边缘可见头层白釉，腹底阴减阳起线并联三足，三足足跟内侧皆有戳泄气孔。

清漳窑绿釉弦纹瓷三足炉

口径 29.5、高 15.5 厘米

圆唇，直口，折沿，束颈，扁圆鼓腹，平底，三柱足。灰
白胎，施绿釉，釉面开细小冰裂纹，内口沿下未施釉，足
跟露胎。颈部和腹部交接处突起一道弦纹。

清漳窑绿釉八卦瓷炉

口径 20.3、高 13.8 厘米

圆唇，敛口，平沿，圆筒腹，平底，三几何形足。灰白胎，外施绿釉，内施白釉，釉面开细小冰裂纹，足跟露胎。外腹部模印八卦图案。

明漳州窑青釉刻花鱼纹瓷盘

口径 33、底径 14.4、高 6.5 厘米

圆唇，敞口，浅弧腹，内直外斜式矮圈足。
胎厚重呈灰白色，施青釉，足内底未满釉，
足、底粘砂。腹部划画花卉纹，盘底刻画鱼
跃图案。

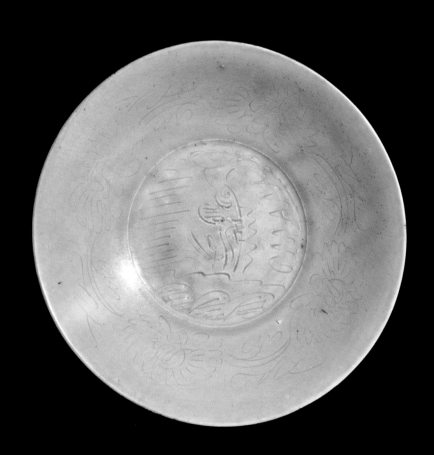

明漳州窑青釉白花菊瓣纹瓷盘

口径 32、底径 12.4、高 8 厘米

敞口折沿，圆唇，弧腹，内直外斜式矮圈
足。胎厚重呈灰白色，施青釉，足内底未满
釉，足、底粘砂。内腹部模印花瓣纹，盘底
用白釉描绘花卉图案。

明漳州窑青釉划花凤凰花卉纹瓷盘

口径 47、底径 25、高 11 厘米

敞口，圆唇，弧腹，内直外斜式矮圈足。胎厚重呈灰白色，施青釉，足内底未满釉，足、底粘砂。腹部划花花卉纹，盘底划花凤凰、牡丹、洞石图案。

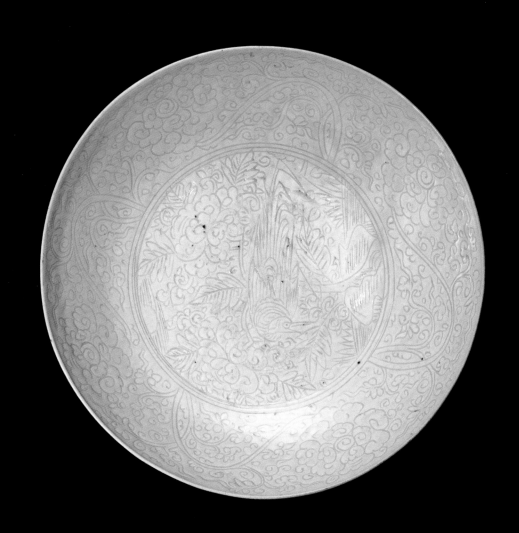

明漳州窑酱釉白花麒麟卷云纹瓷盘

口径 35、底径 17、高 8 厘米

敞口，圆唇，浅弧腹，内直外斜式矮圈足。胎厚
重呈灰白色，施酱釉，足内底未满釉，足、底粘
砂。腹部用白釉描绘双龙卷云纹，盘底描绘麒麟
火焰图案。

明漳州窑蓝地白花花卉纹瓷盘

口径 39.4、底径 20、高 9.3 厘米

圆唇，敞口，折沿，深弧腹，内直外斜式矮圈足。胎厚
重呈灰白色，施蓝釉，足内底未满釉，足、底粘砂。口
沿上用白釉绘点状花纹，腹部用白釉绘相间的点状花纹
和条叶状花纹，盘底绘有三朵类似于蒲公英的图案。

明漳州窑蓝地白花瓷盘

口径 34.6、底径 17.7、高 8.5 厘米

圆唇，敞口，浅弧腹，内直外斜式矮圈足。胎厚
重呈灰白色，施蓝釉，足内底未满釉，足、底粘
砂。腹部用白釉绘相间的点状花纹和条叶状花
纹，盘底绘有三朵类似于蒲公英的图案。

清漳州窑青釉刻花大盘

口径 29、底径 12、高 6 厘米

尖唇外撇，广口浅腹，直壁平底，矮圈足。施青釉，釉色灰青，釉质较润，施釉过底，圈足足底及圈足局部露胎，胎色灰白，胎质较密。内壁划刻三只凤鸟图案，内底则是鱼跃图案。

清漳州窑青釉刻花盘

口径 28.5、底径 13.1、高 5.5 厘米

尖唇外撇，广口浅腹，直壁平底，矮圈足。施青
釉，釉色灰青，釉质较润，施釉过底，圈足足底
及圈足局部露胎，胎色灰白，胎质较密。内壁划
刻三只凤鸟图案，内底则是鱼跃图案。

清漳窑绿釉瓷盘

口径 11.8、底径 6、高 3 厘米

圆唇敞口，直壁下收，宽矮圈足。施青釉，釉色苍翠，釉质莹澈，施釉过底，圈足足底露胎，胎色灰白，胎质坚密。整器素纹，修胎不平整处及拐角处多见积釉，器身遍布均匀开片。

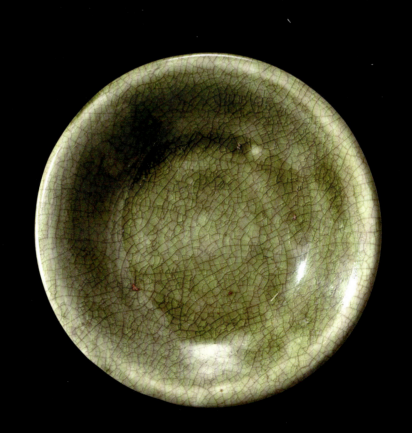

明漳州窑青釉双耳瓷瓶

口径 3.9、腹径 5.5、底径 4.5、高 10.8 厘米

圆唇洗口，云耳短颈，鼓腹直下收，覆斗状圈足。施青釉，釉色青灰，釉质乳浊，施釉过底，圈足足底露胎，胎色灰白，胎质坚密。器身遍布均匀开片。

清漳州窑青釉刻花瓷瓶

口径 11.5、底径 9.5、高 27.5 厘米

圆唇外敞，粗颈丰肩，深腹外撇矮圈足。施青釉，釉色灰青，釉质莹润，施釉过底，颈肩以下内膛及圈足足底露胎，胎色灰白，胎质致密。颈肩边界以一阴线隔划，以下模印大面积大花卉纹饰，直至近底收腹之下，圈足之上，划刻一周山岳纹。瓶身一侧下半部分略有生烧现象。

清漳州窑青釉印花卉纹瓶

口径 13.3、底径 7.5、高 25.5 厘米

圆唇外敞，粗颈丰肩，深腹外撇矮圈足。施青釉，釉色灰青，釉质乳浊，施釉过底，圈足足底露胎，胎色灰白，胎质致密。颈饰蕉叶纹，颈肩边界以宽弦纹隔划，以下模印大面积大花卉纹饰，直至近底收腹之下，圈足之上，划刻一周山岳纹。腹部有裂痕。

清漳州窑青釉牡丹蕉叶纹瓷瓶

口径 10.2、腹径 16.5、底径 11.5、高 29 厘米

圆唇，敞口，直颈，丰肩，鼓腹渐收，圈足外撇。灰白胎，极为厚重，施肥润的青釉。颈部刻划蕉叶纹，肩部饰席纹，腹部主题为折枝牡丹花纹，近底部为卷云纹。

清漳州窑青釉"钦灵殿"款瓷瓶

口径 11.3、底径 13.6、高 42.2 厘米

方唇微敞，短颈削肩，鼓腹弧下收，矮圈足。施青釉，釉色青黄，釉质莹透，施釉过底，口沿内壁以下内膛与圈足足底露胎，胎色灰白，胎质致密。瓶身一侧靠肩部镌刻"钦灵殿"。周身有流釉现象，积釉处色泽更显青黄，整器开均匀细碎开片。

清漳州窑青釉印花瓷瓶

口径 11.3、底径 11、高 34 厘米

圆唇敞口，内弧颈微溜肩，弧腹渐收外撇矮圈足。施青釉，釉色灰青，釉质肥润，施釉及底，圈足露胎，胎色灰白，胎质坚密。整器开均匀细碎开片。

清漳窑绿釉瓷瓶

口径 10.1、底径 9.2、高 34.2 厘米

方唇折沿，直口短颈，丰肩直壁微弧渐收，深腹宽圈足。施青釉，釉色青黄，釉质莹透，施釉过底，口沿内壁以下内膛与圈足足底露胎，胎色灰白，胎质致密。周身有积釉现象，积釉处色泽更显青黄，整器开均匀细碎开片。

明漳州窑青釉瓷盖罐

口径 9.5、底径 7、通高 8.2 厘米

乳凸纽，平顶，厚方沿外撇，出颈状盖扣。方唇微敞，敛口鼓腹弧下收，矮宽圈足。施青釉，釉色灰青，釉质肥润，施釉过底，盖沿及底、罐口沿、圈足局部露胎，胎色灰白，胎质细腻。整器素纹，盖上有较大开片。

明漳州窑青釉瓷盖罐

口径 10、底径 6.5、通高 9 厘米

塔状纽，平顶，方沿外撇，出颈状盖扣。方唇微扣，敛口鼓腹弧下收，矮宽圈足。施青釉，釉色青黄，釉质肥润，施釉过底，盖沿及底、罐口沿、圈足大面积露胎，胎色灰白，胎质坚密。盖纽边上划刻一圈双阴挤阳弦线，整器有较大开片。

明漳窑酱釉如意纹瓷罐

口径 17.7、腹径 23.4、底径 14.8、高 14.2 厘米

圆唇直口，丰肩弧腹渐收，矮宽圈足。施酱釉及米色白釉，釉色糖黄，釉质肥润，施釉过底，圈足足底露胎，胎色灰白，胎质细腻。圈足内器底施米色白釉。罐肩部模印一圈如意云头纹，再往下是一圈变形蝉纹，收腹处是一圈回纹，及底为一圈卷浪纹。器自唇口至圈足内，外壁上遍布细碎均匀开片，内膛则无开片，内膛可见明显修胎刮削痕迹。

明漳州窑酱地白花梅花纹瓷军持

口径 2.6、底径 6.6、高 11 厘米

方唇，敞口，长束颈，溜肩，圆鼓腹渐收，圈足。灰白胎，施酱釉，足跟露胎。肩部一侧加装漏斗形流，腹部和流模印竖道纹，肩颈部用白釉描绘花卉纹。

明漳州窑白釉印花方形瓷盒

口径 8.3、底径 5.5、通高 5 厘米

盖为平顶，弧腹直口。子母口。盒身弧腹下收，矮圈足。盖与盒身皆为四面，四边倭角。施白釉，釉色乳白，釉质肥润。施釉过底，子母口及圈足足底、圈足内局部露胎，胎色白皙，胎质细腻。盖顶面模印莲池水禽纹，盖与盒身四面开窗皆为倭角窗框，开窗内皆饰梳篦纹。

明漳州窑方形印花瓷盒

口径 8.2、底径 5.3、通高 5 厘米

盖为平顶，弧腹直口。子母口。盒身弧腹下收，矮圈足。盖与盒身皆为四面，四边倭角。施白釉，釉色乳白，釉质肥润。施釉过底，子母口及圈足足底、圈足内局部露胎，胎色白皙，胎质细腻。盖顶面模印莲池水禽纹，盖与盒身四面开窗皆为倭角窗框，开窗内皆饰梳篦纹。器身局部有少许土沁开片。

明漳州窑青釉印花卉纹瓷盒

口径 7.5、底径 5、通高 4.3 厘米

盖为平顶，弧腹直口。子母口，盖与盒身皆作方唇。盒身弧腹下收，矮圈足。施青釉，釉色灰青，釉质清透，施釉及底，盒身近底以上内壁与圈足露胎，胎色灰白，胎质较细。盖顶面模印大花卉纹饰，弧腹下走至盖沿饰梳篦纹，盒身收腹部分印梳篦纹。器身多有积釉，积釉处泛雾状蓝色。

明漳州窑青釉瓷水盂

口径 1.2、腹径 5.9、底径 2.4、高 3.3 厘米

圆唇内扣，敛口，鼓腹，卧足。施青釉，釉色青黄，釉质清透，施釉不及底，内膛与卧足及近底处露胎，胎色灰白，胎质较松。近口处阴刻一圈弦纹，弦内多积釉，积处色若茶，俯视如玉环。

清漳窑青釉瓷碗

口径 20.7、底径 7.9、高 7.3 厘米

圆唇撇口，直壁弧腹下收，矮圈足。施青釉，釉色苍翠，釉质莹澈，施釉过底，圈足足底露胎，胎色浅灰，胎质坚密。整器素纹，修胎不平整处及拐角处多见积釉，器身遍布均匀开片。

清漳窑青釉瓷碗

口径 27.3、底径 12.8、高 11.7 厘米

圆唇敞口，直壁弧腹下收，矮圈足。施青釉，釉色苍翠，釉质莹澈，施釉过底，圈足足底露胎，胎色灰白，胎质坚密。整器素纹，修胎不平整处及拐角处多见积釉，器身遍布均匀开片。

三　幽趣湛蓝绘青花

　　青花瓷是在瓷胎上用钴料着色，然后施透明釉，以1300℃左右的高温一次烧成的釉下彩瓷器。釉下钴料在高温烧成后呈现蓝色，故称"青花"。漳州窑青花瓷在明代万历年间最为繁荣，以饮食器皿为大宗。其胎质较粗，釉色肥润，盛行锦地开光装饰，常见花鸟、山水、人物等主题图案，青花发色或幽青明快，或蓝中泛黑，画风粗犷率意、生动活泼，洋溢着传神写真的自然意境和民间浓郁的生活气息。

　　明《漳州府志》之《风土志·器之属》记载："瓷出南胜者，殊胜它邑，然亦不甚工巧，犹可玩也。"

　　清《平和县志》之《物产·器之属》记载："精者出南胜，官寮，粗者出赤草埔、山隔。"

明漳州窑青花龙纹瓷玉壶春瓶

口径 6.1、腹径 11.1、底径 7.9、高 17.5 厘米

尖唇外翻喇叭口，短颈溜肩鼓腹收，矮宽圈足。施透明釉，釉下青花，青花发色明亮，施釉过底，圈足足底露胎，胎色白皙，胎质细腻。瓶上以青花描绘一条四爪翔龙，周身火焰流动，遨游于卷浪翻腾的怒海之上。整器有大小不均的土沁开片。

明青花花鸟纹筒瓶

口径 6.7、底径 6.4、高 22.5 厘米

敞口短束颈，平肩微折直筒腹，矮圈足。施透明釉，釉下青花，青花发色较亮，施釉过底，圈足足底露胎，胎色白皙，胎质细腻。口沿下绘一周蕉叶纹，肩角绘一条弦线，以其分隔，上为一周山岳纹，下为瓶体大面积主纹饰虫鸟花卉图案。

明漳州窑青花花鸟纹尊式瓶

口径 16.5、腹径 21.5、底径 15.9、高 28.8 厘米

敛口，圆唇，束腰，圈足。胎厚重呈灰白，施白釉，足粘
砂。尊身至底部用双圈纹分成三部分，上部分描绘"山"
字纹，中间描绘狮头纹、锦地三开光凤凰牡丹图案，下部
分描绘波浪纹。

清漳窑青花骏马纹瓷瓶

口径 12.4、底径 12.4、高 39 厘米

圆唇，荷叶口，束颈，溜肩，鼓腹渐收，卧足。灰白胎，施米色白釉，釉面莹亮，开细小冰裂纹，足跟露胎。腹部用青花描绘骏马、树木图案。

清漳州窑青花莲池鸳鸯纹瓷葫芦瓶

口径 3.1、腹径 10.9、底径 6.1、高 17.3 厘米

直立葫芦形。圆唇敛口，溜肩束腰，鼓腹圈足。施透明釉，釉下青花，青花发色灰沉，施釉过底，圈足足底露胎，胎色黄白，胎质坚密。口沿下与束腰处绘两道青花弦纹作分隔线，其余部分绘莲池鸳鸯图案。

明漳州窑青花开光松鹿梅雀花卉纹菱口瓷盘

口径 40、底径 18.9、高 8.5 厘米

圆唇，菱花口，宽沿外折，浅弧腹，内直外斜式矮圈足。胎厚重呈
灰白色，施白釉，足内底满釉，足、底粘砂。青花发色湛蓝，内口
沿下双线勾勒菱花口，口沿上绘波浪地八开光花卉，腹部折枝花与
喜鹊登梅图案相间，盘底绘双鹿、松树图案，盘外口沿下单线勾勒
菱花口，中间绘有绶带、杂宝图案。

明漳州窑青花双龙戏珠纹开光瓷盘

口径 38、底径 19.3、高 8 厘米

圆唇，敞口，折沿，深弧腹，内直外斜式矮圈足。灰
白胎，施白釉，足内底未满釉，足、底粘砂。内壁口
沿上用青花描绘卷云纹，腹部绘波浪地八开光花卉图
案，盘底青花双弦纹内绘双龙戏珠和卷云纹。

明漳州窑青花山水人物锦地开光龙纹瓷盘

口径 47.2、底径 20.3、高 13 厘米

敞口折沿，圆唇，弧腹，内直外斜式矮圈足。胎厚重呈灰白色，施白釉，足内底未满釉，足、底粘砂。青色发色幽箐，口沿上绘花草纹，内腹部绘锦地六开光龙纹，盘心青花双圈纹内绘山水楼阁、人物故事图案。

明漳州窑青花锦地开光凤凰花卉纹瓷盘

口径 46.5、底径 22、高 9 厘米

敞口，圆唇，弧腹，内直外斜式矮圈足。胎厚重
呈灰白色，施白釉，足内底未满釉，足、底粘砂。
青花发色幽箐，内腹部绘锦地六开光花卉纹饰，
器心青花双圈纹内绘凤凰牡丹图案，外腹口沿和
近底部各绘有一道青花弦纹，中间绘有绶带纹。

明漳州窑青花开光山水花卉纹瓷盘

口径 45.5、底径 25.7、高 7.7 厘米

敞口折沿，圆唇，弧腹，内直外斜式矮圈足。胎
厚重呈灰白色，施白釉，足、底粘砂。青色发色
幽箐，口沿上绘花草、渔船纹饰，内腹部绘锦地
四开光花卉纹饰，器心青花双圈纹内绘山水楼阁
图案。

明漳州窑青花山水纹开光文字大盘

口径 42.3、底径 25、高 9 厘米

敞口，圆唇，弧收腹，内直外斜式矮圈足。胎厚重呈
灰白色，足内底未满釉，施白釉，足、底粘砂。内
腹部绘波浪地八开光花卉文字纹，开光内文字为
"四""时""美""景""日""月""光""明"，盘底
青花双圈纹之间描绘花草纹，盘心绘山水、楼阁、渔
船图案，外壁腹部绘三组绶带纹。

明漳州窑青花鸳鸯锦地纹大盘

口径 41、底径 18.5、高 8.6 厘米

广口，弧壁下收，浅腹圈足。施透明釉，釉下青花，青
花发色明快，施釉过底，圈足足底露胎，胎色白皙，胎
质细腻。盘心满绘主纹，内容丰富，主要为莲池水禽、
花卉果实等，其中的水禽包括飞翔、游水、酣睡、休憩
四种状态，在呈现单脚站立休憩的水禽时勾绘出明确的
脚蹼。整体画面疏密有致，生机盎然。

明漳州窑青花开光花卉风景纹瓷盘

口径 39.4、底径 19.1、高 10.1 厘米

圆唇内卷，宽折沿，直壁微弧下收，平底圈足。施透
明釉，釉下青花，青花发色明快，施釉过底，圈足足
底露胎，胎色白皙，胎质细腻。由上至下，折沿绘渔
猎归来图案，口沿至盘心的器壁绘锦地喜庆四开光花
卉纹饰，盘心绘楼台仙岛图案。

明漳州窑青花山水花鸟纹瓷碗

口径 38、底径 17、高 14 厘米

敞口，圆唇，深弧腹，圈足。灰白胎，施白釉，足、底粘砂。内壁口沿下青花双圈纹内绘奔马纹，碗心绘花鸟图案，外壁口沿下用青花绘四组开光花卉纹，腹部上下各有两道青花圆圈纹，内绘荷池水禽图案。

明漳州窑青花龙纹瓷碗

口径 18、底径 7.4、高 8 厘米

敞口，直壁斜下折弧收，矮直圈足。施透明釉，釉下青花，青花发色较灰，施釉及底，圈足露胎，胎色黄白，胎质坚密。碗内壁口沿绘一圈仙桃纹，并以三只花篮连接碗心，盘心有双蓝圈作分隔线，其中绘两粒大寿桃。碗外壁整周绘游龙戏珠纹。

明漳州窑青花立凤大碗

口径 27.3、底径 12、高 10.2 厘米

圆唇敞口，直壁弧下收，圈足。施透明釉，釉下青花，青花发色较亮，施釉过底，圈足足底露胎，胎色较白，胎质坚密。碗内以青花绘鱼鳞纹铺底立凤图案，外壁绘花卉鱼跃纹。

明漳州窑青花"赤壁赋"人物文字碗

口径 17.2、底径 6.4、高 7.5 厘米

敞口，直壁微弧下收，圈足。施透明釉，釉下青花，青花发色较灰，施釉过底，圈足露胎，胎色较白，胎质坚密。碗内口沿一圈青花弦纹，外壁青花绘"赤壁赋"人物文字图案。

清漳州窑青花飞禽纹瓷盖碗

口径 9.4、底径 3.2、通高 7.2 厘米

盖与碗成套组合，碗口径大于盖口径。皆施透明釉，釉下青花，青花发色较亮，施釉过底，圈足状盖柄与圈足露胎，胎色白皙，胎质坚密。盖与碗皆绘池塘水禽图案，盖纽与碗底皆有寄托款"成化年制"。

清漳州窑青花"福如东海""喜祝千秋"龙纹瓷高足碗

口径 12.4、腹径 19.9、底径 6.5、高 9.3 厘米

方唇敞口，直壁折弧下收，实心高腰，折沿圈足。
施透明釉，釉下青花，青花发色较浓，施釉及底，
圈足足底露胎，胎色灰白，胎质坚密。碗内绘龙纹，
外壁亦绘龙纹及"福如东海""喜祝千秋"图案。

明漳州窑青花龙纹瓷罐

口径 9.4、腹径 20.4、底径 14.1、高 21.6 厘米

直口，圆唇，短直颈，丰肩，鼓腹弧收，圈足。灰白胎，施白釉，足与底粘垫烧物。通体青花装饰，青花发色黯淡。肩部绘绶带纹，腹部绘龙纹和卷云纹，近底部绘花卉纹，中间用双圈纹隔开。

明漳州窑青花花卉纹四系瓷罐

口径 9.5、腹径 21.5、底径 14、高 24.6 厘米

直口，凸唇，短直颈，溜肩，圆鼓腹斜收，圈足。灰白胎，施白釉，足与底粘垫烧物。通体青花装饰，青花发色黯淡。颈部单圈纹下绘绶带纹，肩颈处波形纹，腹部以双圈纹分割成上下两部分，分别绘折枝菊花纹。肩部间隔堆贴四曲形耳。

清漳州窑青花凤凰牡丹纹瓷罐

口径 9、腹径 16.5、底径 17.5、高 10.3 厘米

圆唇直口，丰肩，鼓腹弧下收外撇，圈足。施透明釉，
釉下青花，青花发色较亮，施釉过底，圈足足底露胎，
胎色白皙，胎质细腻。器身绘洞石牡丹凤凰纹。

清漳州窑青花牡丹凤纹瓷将军罐

口径 10.4、底径 9.4、通高 26.7 厘米

盖为乳状纽，圆弧腹，子母口，折沿。器身撇口，短颈，圆鼓腹渐收，圈足外撇。灰白胎，通体施白釉，足跟及口沿露胎。器盖折沿上用青花绘一圈杂宝纹，腹部弦纹内绘绶带纹。器身颈部绘青花杂宝纹，腹部绘青花凤凰牡丹主题纹饰。

清漳州窑青花花卉纹瓷盖罐

口径 8、腹径 16、底径 8.4、通高 23.4 厘米

盖为乳状纽，圆弧腹，子母口，器身敞口，束颈，鼓腹，圈足外撇。灰白胎，胎体较薄，施白釉，口沿及足跟露胎。盖腹部青花双弦纹内绘花卉纹，器外壁青花双弦纹内绘花卉图案。

明漳州窑青花人物纹三足炉

口径 20、底径 16.5、高 13.5 厘米

方唇，敛口，平沿，圆筒腹，玉璧底加装三兽足。
灰白胎，施白釉，外底露胎。器外壁自口沿而下青
花图案分为两层，中间用弦纹隔开，上面一层为鱼
鳞地三开光花草纹，下方为人物故事图案。

明漳州窑青花人物纹筒形瓷三足炉

口径 19、底径 16、高 13.3 厘米

圆唇，敛口，平沿，圆筒腹，玉璧底加装三兽足。灰白胎，施白釉，外底露胎。器外壁自口沿而下青花图案分为三层，中间用弦纹隔开，上面一层为祥云地三开光花草纹，中间为人物故事图案，近底部为花草纹。

明末漳州窑青花牡丹纹瓷三足炉

口径 26.3、腹径 27.7、高 9.2 厘米

尖唇内折，折沿敛口，微折圆弧腹，三足。施透明釉，釉下青花，青花发色较亮，施釉及底，内膛底面、外壁炉底、三足足底露胎，胎色灰白，胎质较粗。青花绘牡丹纹。

清青花龙纹瓷三足炉

口径 22.5、底径 10.5、高 11 厘米

圆唇外撇，束口广口，鼓腹平底，锭状三足。酱口，施透明釉，釉下青花，青花发色较浓，施釉及底，底部与三足足底露胎，胎色灰白，胎质坚密。器身大面积绘龙纹。

清漳窑青花山水纹瓷三足炉

口径 8.3、腹径 11.2、高 7 厘米

圆唇内扣，敛口，鼓腹弧下收，平底三足。哥釉底，施透明釉，釉下青花，青花发色较亮，施釉过底，三足足底露胎，胎色灰白，胎质较粗。绘山水鹭鸟纹。

明漳州窑青花花卉纹瓷军持

口径 2.2、底径 6.8、高 11.2 厘米

方唇，敞口，长束颈，溜肩，圆鼓腹渐收，圈足。灰白胎，施白釉泛青，足跟露胎。肩部一侧加装漏斗形流，腹部和流模印竖道纹，肩颈部青花弦纹内绘花鸟纹，近底部饰一道青花弦纹。

明青花开光花卉纹瓷圈足盆

口径 30.5、底径 11.5、高 10.3 厘米

敞口，口沿微折，圆唇，深弧腹，内直外斜式矮圈足。胎厚重呈灰白色，施白釉，足内底未满釉，足、底粘砂。口沿上绘花草纹，腹部绘锦地四开光花果、卷书杂宝纹饰，盘心双圈纹内绘卷书杂宝主题纹饰。外壁口沿及近底部各有一道弦纹，外口沿下绘有花草、祥云纹饰，外壁腹部饰有四开光花草纹、缠枝花卉纹图案。

明漳州窑青花花鸟纹瓷尊

口径 9、腹径 12、底径 8、高 10 厘米

敞口，圆唇，束颈，溜肩，鼓腹，圈足底。灰白胎，胎体较厚，施白釉。足跟刮釉露胎，釉面开细小冰裂纹。颈部、肩部和腹部用青花双圈纹分成上、中、下三层各描绘花卉图案。

清青花花卉纹瓷缸

口径 18.5、底径 6、高 13 厘米

圆唇外折，微束口，直壁微下收，矮圈足。施透明釉，釉下青花，青花发色较亮，施釉过底，圈足露胎，胎色白皙，胎质细腻。青花绘花卉纹。

清青花山水纹瓷缸

口径 20、底径 8、高 14 厘米

圆唇外折，束口，直壁折弧下收，圈足。施透明釉，釉下青花，青花发色较亮，施釉过底，圈足露胎，胎色白皙，胎质细腻。青花绘山水纹。

清漳州窑青花花卉纹瓷缸

口径 13.9、底径 7.5、高 10 厘米

圆唇外折，束口，直壁折弧下收，圈足。施透明
釉，釉下青花，青花发色较暗，施釉过底，圈足
露胎，胎色白皙，胎质细腻。青花绘花卉纹。

明漳州窑青花花卉纹瓷钵

口径 19、底径 12.5、高 12 厘米

敛口，直壁弧下收，圈足。施透明釉，釉下青花，
青花发色较暗，施釉及底，圈足露胎，胎色灰白，
胎质较粗。青花绘花卉纹。

清青花缠枝莲纹瓷坛

口径 13.1、底径 14.5、高 34.3 厘米

圆唇敞口，短颈丰肩，弧腹下收，圈足。施透明釉，釉下青花，青花发色明快，施釉过底，圈足露胎，胎色白皙，胎质细腻。青花绘缠枝莲纹，底有六字楷书"大清雍正年制"。

明青花开光花卉纹瓷盒

口径 10.2、底径 6.5、通高 6.7 厘米

圆顶盖，子母口，直壁弧收圈足盒身。施透明
釉，釉下青花，青花发色较灰，施釉过底，圈足
露胎，胎色较白，胎质较细。青花绘花卉纹。

明青花花卉纹圆形大粉盒

口径 22、底径 13、通高 10 厘米

圆顶盖，子母口，直壁弧收圈足盒身。施透明釉，
釉下青花，青花发色较灰，施釉过底，圈足露胎，
胎色较白，胎质较细。青花绘花卉纹。

明漳州窑青花花卉纹瓷方形盒

口径 8.2、底径 5.2、通高 5.2 厘米

盖为平顶，弧腹直口。子母口。盒身弧腹下收，矮圈足。盖与盒身皆为四面，四边倭角。施透明釉，釉下青花，青花发色明快，施釉过底，子母口及圈足足底、圈足内局部露胎，胎色白皙，胎质细腻。盖顶面青花绘花卉纹，盖与盒身四面开窗皆为倭角窗框，开窗内皆饰梳篦纹。

四　鲜艳明快画五彩

　　五彩瓷是釉上彩瓷，先在高温烧成的单色釉瓷器上，用红、黄、绿、紫、蓝等颜色绘画，再入窑低温烧成。漳州窑五彩瓷盛烧于明万历时期，以饮食器皿为大宗。其胎体厚重，胎质坚密，常为砖红胎和黄白釉，五彩颜色以红为主色，配以绿、黑、褐诸色，所以又称之为"红绿彩"，色彩鲜艳明快，装饰性强。其中装饰有儒释道人物及其相关文字图案的器皿，弥足珍贵。

明漳州窑五彩印章山水楼阁纹瓷盘

口径 37.5、底径 19、高 8.8 厘米

尖唇外撇，广口，直壁下收，圈足。釉上彩，施蓝、黑、红三色彩，施透明釉，施釉过底，圈足足底露胎，胎色黄白，胎质较细，圈足粘砂较重。以红彩绘印章纹，蓝彩黑线描边山水楼阁图案。

明漳州窑五彩开光阿拉伯文字纹瓷盘

口径 32.5、底径 15、高 7 厘米

敞口，圆唇，弧腹，内直外斜式矮圈足。胎厚重呈灰
白色，施白釉，足内底未满釉，足、底粘砂。内口沿
红色双圈纹下用绿彩描绘阿拉伯文字纹，腹部八开光
及盘心主题图案也都描绘阿拉伯文字纹。

明漳州窑五彩指南针航海图纹瓷盘

口径 33.6、底径 17.2、高 7.2 厘米

敞口，口沿微折，圆唇，浅弧腹，内直外斜式矮圈足。灰白胎，施白釉，足、底粘砂。口沿上红彩双圈纹内用黑、蓝彩绘山水楼阁图案，腹部绘星宿、岛屿、海涛、帆船、飞鱼麒麟等图案，盘底画二十四向位罗盘，中央是简体阴阳太极二重圈，圈内写有"天下一"字样。

明漳州窑五彩开光凤凰牡丹花果纹瓷盘

口径 37、底径 17、高 8 厘米

圆唇，敞口，浅弧腹，内直外斜式矮圈足。灰白胎，施
白釉，足、底粘砂。腹部红彩弦纹内用红、绿、蓝三彩
绘锦地五开光花果纹，器内底红彩双弦纹内用红、绿、
蓝三彩绘洞石、凤凰、牡丹、祥云图案。

明漳州窑五彩开光麒麟花卉纹瓷盘

口径 32、底径 10、高 11 厘米

圆唇，敞口，折沿，深弧腹，内直外斜式矮卧足。胎厚重呈灰白色，施白釉，足内底满釉，足、底粘砂。口沿绘折枝梅花纹饰，腹部绘金钱地四开光花卉，盘底绘麒麟、火焰图案。

明漳州窑五彩开光忠孝廉节"福"字纹瓷盘

口径 37.8、底径 18.5、高 9.2 厘米

圆唇，敞口，折沿，浅弧腹，内直外斜式矮圈足。胎厚重呈灰白色，施白釉，足、底粘砂。釉面用红、绿、蓝三彩描绘，口沿绘折枝花卉图案，腹部绘花草地四开光文字纹，开光内文字为"忠、孝、廉、节"，盘底绘双龙火焰图案，盘心为"福"字纹，外壁腹部红彩双弦纹内绘绶带纹。

明漳州窑"玉堂佳器"五彩开光人物花卉纹瓷盘

口径 38.2、底径 17.5、高 8.5 厘米

敞口，圆唇，弧收腹，内直外斜式矮圈足。胎厚重呈火石红色，施白釉，足内底未满釉，足、底粘砂。腹部为红彩锦地四开光花鸟纹，并间隔描绘"玉堂佳器"文字纹，盘心用蓝、黑彩绘山水、人物及梅花鹿图案。

明漳州窑五彩荷池水禽花卉纹瓷盘

口径 38、底径 19、高 7.9 厘米

圆唇，敞口，浅弧腹，内直外斜式矮圈足。灰白胎，施
白釉，足、底粘砂。釉面用红、绿、蓝、黑色彩描绘，
内壁口沿下绘锦地五开光花卉纹，腹部绘飞马、花卉
纹，内底红彩双弦纹内绘荷池水禽图案。

明漳州窑五彩鱼藻文字纹瓷盘

口径 38.5、底径 18、高 9 厘米

敞口，圆唇，弧收腹，内直外斜式矮圈足。胎厚重呈
火石红色，施白釉，足内底未满釉，足、底粘砂。内
壁口沿下用黑、绿彩绘梳纹，腹部绘五组海藻纹和鱼
纹，盘心用红彩双圆圈纹分成两圈，外围用红彩描绘
天干地支，中心用红、绿彩绘简体阴阳太极二重圈，
盘中写"天下一"。

明漳州窑五彩双龙纹开光花鸟大盘

口径 39.4、底径 20、高 8.2 厘米

尖唇外撇，广口，直壁下收，圈足。釉上彩，施蓝、黑、红、绿四色彩，施透明釉，施釉过底，圈足足底露胎，胎色黄白，胎质较细，圈足粘砂。以红彩铺锦地开光、描绘花卉纹，黑线描边蓝、绿彩，绘双龙戏珠图案。

明漳州窑五彩牡丹龙纹瓷盘

口径 39、底径 19.7、高 9 厘米

敞口，圆唇，弧收腹，内直外斜式矮圈足。胎厚重呈
火石红色，施白釉，足内底未满釉，足、底粘砂。内
口沿下红彩双圈纹内绘一圈间隔梳纹、卷云纹，腹部
用红、绿、蓝三彩绘双凤、火焰、卷云纹饰，盘底绘
牡丹、飞鸟等图案。

明漳州窑五彩花鸟纹大罐

口径 9.8、腹径 19.4、底径 13.5、高 23 厘米

直口，圆唇，短直颈，丰肩，鼓腹渐收，圈足。灰白胎，施白釉，底未满釉，足与底粘砂。罐身用红彩双圈纹隔成三部分，肩部用红、绿、蓝彩描绘花卉纹，腹部用红、绿、蓝彩描绘洞石、花卉和卷云纹，两开光内绘花卉、太阳、卷云、双凤纹，近底部用红、绿彩描绘太阳、卷云纹。

明漳州窑五彩花鸟纹瓷罐

口径 10、腹径 19.7、底径 13.4、高 22.4 厘米

直口，圆唇，短直颈，丰肩，鼓腹斜收，圈足。灰白胎，施白釉，足与底粘垫烧物。肩、腹部用红彩双圈纹分成三部分，自上而下分别用红、绿彩描绘麒麟、卷云、金钱纹，洞石、花卉纹和绶带纹。

明漳州窑五彩花卉纹盖罐

口径 11、底径 6.2、通高 11.5 厘米

扁圆形盖纽，弧形腹，唇口折沿。子母口。盒身直口微敞，直壁弧腹收，圈足。釉上彩，施黑、绿、红、蓝彩，施透明釉，施釉过底，圈足足底露胎，胎色灰白，胎质坚密。五彩开窗、铺锦地、绘花卉纹。

明漳州窑五彩花卉纹瓷盖罐

口径 10.5、底径 6.2、通高 11 厘米

扁圆形盖纽，弧形腹，唇口折沿。子母口。盒身直口微敞，直壁弧腹收，圈足。釉上彩，施黑、绿、红、蓝彩，施透明釉，施釉过底，圈足足底露胎，胎色灰白，胎质坚密。五彩开窗、铺锦地、绘花卉纹。

清漳州窑五彩牡丹花鸟纹瓷盖罐

口径 10.8、底径 12.7、通高 32 厘米

伞状盖纽，直壁折弧直口宽盖沿。子母口。短直颈，丰肩弧腹下弧收，外撇圈足。釉上彩，施黄、白、红、绿、蓝、黑、褐、桃红彩，施透明釉，施釉过底，圈足足底露胎，胎色较白，胎质较细。五彩绘牡丹凤鸟纹。

明漳州窑五彩开光折枝花卉纹瓷军持

口径 2.3、底径 6.3、高 18.1 厘米

圆唇，敛口，长束颈，溜肩，圆鼓腹渐收，圈足。灰白胎，施白釉，足跟露胎。肩部一侧加装漏斗形流，口沿红彩弦纹下绘莲瓣纹，颈部用红、绿、黑三彩绘蕉叶纹，肩部红彩双弦纹下绘串带纹，腹部红彩双弦纹内用红、绿彩绘锦地四开光花卉纹，近底部用红彩绘波浪纹，流上用红、绿彩绘花卉纹。

明漳州窑五彩开光花果纹瓷盒

口径 8.5、底径 5.5、通高 5.5 厘米

盖为圆顶，弧形腹，直口。器身子母口，弧腹渐收，圈足。灰白胎，施白釉，口沿和足跟露胎。盖表面中心红彩双弦纹内绘莲花图案，腹部红彩弦纹内用红、绿彩绘锦地六开光花果图案，器身腹部红彩弦纹内用红、绿彩绘锦地四开光花果图案，近底部饰一道红彩弦纹。

明漳州窑五彩开光花果纹瓷盒

口径 10.3、底径 8.3、通高 6.6 厘米

盖为圆顶，弧形腹，直口。器身子母口，弧腹渐收，圈足。灰白胎，施白釉，有轻微的缩釉现象，口沿和足跟露胎。盖表面中心红彩双弦纹内绘莲花图案，腹部红彩弦纹内用红、绿彩绘锦地六开光花果图案，器身腹部红彩弦纹内用红、绿彩绘锦地四开光花果图案，近底部饰一道红彩弦纹。

明漳州窑五彩花鸟纹瓷盒

口径 10.5、底径 7、通高 6.5 厘米

盖为圆顶，弧形腹，直口。器身子母口，弧腹渐收，圈足。灰白胎，施白釉，口沿和足跟露胎。盖面中心用红、绿彩描绘花鸟图案，近口沿处饰红彩弦纹，器身近口沿处饰红彩弦纹，腹部用红彩绘绶带纹。

明五彩花卉纹九子攒盘之一

口径 13.7、底径 8.5、高 3 厘米

八棱八角八面，圆唇敞口，直壁斜下收，圈足。釉上彩，施黑、红、蓝、绿彩，施透明釉，施釉过底，圈足足底露胎，胎色灰白，胎质较细。绘八宝、花卉，居中凤鸟图案。

明五彩花卉纹九子攒盘之二

口径 10.9、底径 7.6、高 2.6 厘米

扇状，圆唇敞口，直壁斜下收，圈足。釉上彩，施黑、红、蓝、绿彩，施透明釉，施釉过底，圈足足底露胎，胎色灰白，胎质较细。绘花卉纹。

明五彩花卉纹九子攒盘之三

口径 10.8、底径 7.6、高 2.7 厘米

扇状，圆唇敞口，直壁斜下收，圈足。釉上彩，施黑、红、蓝、绿彩，施透明釉，施釉过底，圈足足底露胎，胎色灰白，胎质较细。绘花卉纹。

明五彩花卉纹九子攒盘之四

口径 10.9、底径 7.7、高 2.6 厘米

扇状，圆唇敞口，直壁斜下收，圈足。釉上彩，施黑、红、蓝、绿彩，施透明釉，施釉过底，圈足足底露胎，胎色灰白，胎质较细。绘花卉纹。

明五彩花卉纹九子攒盘之五

口径 11.3、底径 7.3、高 2.9 厘米

扇状，圆唇敞口，直壁斜下收，圈足。釉上彩，施黑、红、蓝、绿彩，施透明釉，施釉过底，圈足足底露胎，胎色灰白，胎质较细。绘花卉纹。

明五彩花卉纹九子攒盘之六

口径 11.1、底径 7.4、高 2.9 厘米

扇状，圆唇敞口，直壁斜下收，圈足。釉上彩，施黑、红、蓝、绿彩，施透明釉，施釉过底，圈足足底露胎，胎色灰白，胎质较细。绘花卉纹。

明五彩花卉纹九子攒盘之七

口径 11.1、底径 7.6、高 2.8 厘米

扇状，圆唇敞口，直壁斜下收，圈足。釉上彩，施黑、红、蓝、绿彩，施透明釉，施釉过底，圈足足底露胎，胎色灰白，胎质较细。绘花卉纹。

明五彩花卉纹九子攒盘之八

口径 10.7、底径 7.2、高 2.7 厘米

扇状，圆唇敞口，直壁斜下收，圈足。釉上彩，施黑、红、蓝、绿彩，施透明釉，施釉过底，圈足足底露胎，胎色灰白，胎质较细。绘花卉纹。

明五彩花卉纹九子攒盘之九

口径 11.9、底径 7.8、高 2.7 厘米

扇状，圆唇敞口，直壁斜下收，圈足。釉上彩，施黑、红、蓝、绿彩，施透明釉，施釉过底，圈足足底露胎，胎色灰白，胎质较细。绘花卉纹。

明漳州窑五彩花卉纹三足炉

口径 23、底径 10.7、高 12 厘米

圆唇外折出口沿，直口微敞，束口，鼓腹平底，
锭状三足。釉上彩，施黑、红、绿彩，施透明釉，
施釉过底，三足足底露胎，胎色较白，胎质较细。
绘花卉纹。

清漳州窑五彩花卉纹直筒香炉

口径 10.8、底径 7.8、高 8.8 厘米

直口直壁筒状腹，圈足。釉上彩，施黑、红、绿彩，施透明釉，施釉过底，圈足足底露胎，胎色灰白，胎质较细。绘花卉纹。

明漳州窑五彩开光花卉纹瓷碗

口径 20.5、底径 7.2、高 9 厘米

圆唇，敞口，深弧腹，圈足。灰白胎，施白釉，足跟粘砂。内口沿下饰有一道红彩弦纹，腹内壁用红、绿、蓝三彩绘三组花卉纹，器内底红彩双弦纹内绘古钱纹，外壁腹部用红、绿、蓝三彩绘锦地五开光花卉纹。

明漳州窑五彩开光花卉纹瓷碗

口径 20.6、底径 7、高 9.5 厘米

尖唇敞口，直壁弧下收，圈足。釉下青花釉上彩，属青花五彩器。施黑、红、绿、蓝彩，施透明釉，釉下青花，青花发色较暗。施釉过底，圈足足底露胎，胎色较白，胎质较细，足底粘砂较重。五彩铺锦地开光、绘花卉凤鸟纹饰，青花于碗心绘狮子滚绣球图案。

明漳州窑五彩花鸟纹大碗

口径 25.4、底径 9.6、高 12.8 厘米

尖唇敞口，直壁弧下收，圈足。釉上彩，施黑、
红、绿、蓝彩，施透明釉，施釉过底，圈足足底露
胎，胎色较白，胎质较细，足底粘砂。五彩绘花卉
雀鸟纹。

明漳州窑五彩花鸟纹大碗

口径 24.8、底径 10.1、高 11.3 厘米

尖唇敞口，直壁弧下收，圈足。釉上彩，施黑、红、绿、蓝彩，施透明釉，施釉过底，圈足足底露胎，胎色较白，胎质较细，足底粘砂。五彩绘花卉雀鸟纹。

民国漳州窑五彩牡丹纹双耳瓷盖碗

口径 19.5、底径 10.2、高 18.4 厘米

盖为圆饼形纽，圆弧腹，子母口，折沿。器身圆唇，敞口，弧收腹，圈足外撇。灰白色胎，施白釉，口沿和足跟露胎。盖纽上用红、绿彩绘花卉纹，腹部用红、绿、紫三彩描绘牡丹花纹，器身外壁腹部近口沿处对称贴塑双耳，用红、绿、紫三彩描绘牡丹花纹。

明漳州窑五彩开光花卉纹瓷盆

口径 31.3、底径 10、高 9.8 厘米

敞口折沿，圆唇，深弧腹，内直外斜式矮圈足。
胎厚重呈灰白色，施白釉，足内底未满釉，足、
底粘砂。口沿上用红、绿、蓝三彩绘山石、花果
图案，腹部绘锦地四开光花果、卷书杂宝纹饰，
盘心红彩双圈纹内绘卷书杂宝主题纹饰。

民国漳窑五彩凤凰牡丹纹瓷瓶

口径 15、腹径 18.5、底径 12、高 37.5 厘米

尖唇外撇喇叭口，内弧颈溜肩弧腹渐收，矮薄圈足。釉下青花釉上彩，属青花五彩器。施黑、红、绿、褐彩，施米色白釉，釉下青花，青花发色亮沉分明，浓淡皆宜。施釉过底，圈足足底露胎，胎色较白，胎质细腻。青花点缀羽翼、尾羽，配合五彩绘凤凰牡丹纹。

五 精巧象生素三彩

素三彩瓷是指在器物素坯上划刻或模印纹饰，经高温烧成素胎瓷器后，然后彩绘，再入窑低温烧制而成的瓷器。彩绘以素色调的黄、绿、紫为主要色调。其胎质略粗，器形以盒为主，器表大量使用模印技法，仿效动物或植物花果造型，表现出形象生动、纹样繁密、刻工精细、线条流畅的工艺特点。

明漳州窑素三彩如意纹罐

口径 4.5、底径 3.6、高 4 厘米

圆唇敛口，折肩弧腹下收。铺绿彩，缀以黄、茄两色彩，彩色浓郁，施彩及底，局部露胎，胎质较松。于肩部刻一圈如意云头纹，并以黄、茄两色彩相间施彩。

明漳州窑素三彩瓜棱形瓷瓶

口径 3.4、腹径 5.4、底径 4.2、高 4.8 厘米

圆唇外撇，粗短束颈，丰肩鼓腹，平底。施绿彩，彩色浓郁，施彩及底，平底露胎，胎质较松。于瓶肩弦出一圈阴线，并作为起点，由上至下刻出十道阴线，分做十瓣瓜棱。瓶肩一侧有大块窑粘，局部脱彩严重。

清末漳州窑素三彩瓷净瓶观音立像

底径 18、高 85 厘米

观音呈站立状，头戴幔巾，头梳发髻，身着长袖披帛、长裙，头戴璎珞，颈部戴项饰，膝上环绕串珠。左手捧宝瓶，右手结说法印。底部略成圆形，中空。灰白胎，施米色白釉，釉面莹亮，开细小冰裂纹，外底露胎。釉面用红、黄、绿、蓝、黑、褐等色彩填色。

明漳州窑素三彩"福"字纹圆形瓷盖盒

口径 5.4、底径 3.2、通高 3.2 厘米

盖为平顶，弧腹直口。子母口，盖与盒身皆起方唇。
盒身弧腹下收，矮圈足。施绿彩与黄彩，彩色浓郁，
施彩过底，内膛及圈足足底露胎，胎质较松。盖面居
中模印主纹"福"字，其余辅纹由内至外依次为一圈
钱纹，三圈小连珠纹，盒身近口处模印四圈小连珠纹。
整体纹饰凸面部分局部有脱彩。

明漳州窑素三彩"禄"字纹圆形瓷盖盒

口径 5.5、底径 3.5、通高 3.3 厘米

盖为平顶，弧腹直口。子母口，盖与盒身皆起方唇。盒身弧腹下收，矮圈足。施绿彩与褐彩，彩色清淡，施彩过底，内膛及圈足足底露胎，胎质较松。盖面居中模印主纹"禄"字，其余辅纹为钱纹铺底的如意云头纹，盒身近口处模印一圈连珠钱纹。局部有脱彩。

明漳州窑素三彩"寿"字纹圆形瓷盖盒

口径 5.8、底径 3.4、通高 3.2 厘米

盖为平顶，弧腹直口。子母口，盖与盒身皆起方唇。盒身弧腹下收，矮圈足。施绿彩与黄彩，彩色浓郁，施彩过底，内膛及圈足足底露胎，胎质较松。盖面居中模印主纹"寿"字，其余辅纹为由七圈小连珠纹铺底的菱形开窗六瓣花朵纹，盒身近口处模印一圈六瓣花朵纹。整体纹饰凸面部分局部少许脱彩。

明漳州窑素三彩花卉纹八角形瓷盖盒

口径 7.1、底径 4.1、通高 7.1 厘米

乳凸状盖纽，平顶，折弧腹直口。子母口，盖与盒身皆起方唇。盒身弧腹下收，矮圈足。施绿彩，彩色浓郁，施彩过底，内膛及圈足足底露胎，胎质较松。纽根分出八棱，接八开窗侧起边线，作整周开窗于盖侧面，开窗内模印异兽、花卉图案，盒身亦作八开窗，开窗内满铺网状鱼鳞纹。整体脱彩严重。

明漳州窑素三彩瓜形瓷盒

口径 5.8、底径 3.6、通高 4.6 厘米

瓜蒂状盖纽，平顶，弧腹直口。子母口。盒身弧腹下
收，卧足。内膛铺以白釉，外壁施黄彩与绿彩，彩色
浓郁，施彩过底，子母口及卧足足底露胎，胎质较松。
盖纽缀以绿彩分出瓜蒂根部，并以纽根分出十二瓣瓜
棱与盒身呼应，盒身亦作十二瓣瓜棱凸状。

明漳州窑素三彩玄武纹瓷盒

口径 5.2、底径 4、通高 4.9 厘米

盖为圆顶，弧腹直口。子母口。盒身弧腹下收，圈足。
施黄彩与褐彩，彩色浓郁，施彩过底，内膛及圈足足
底露胎，胎质较松。盖面居中为黄彩凸显主纹，模印
龟、蛇、虾、蟹。局部凸面有脱彩现象。

明漳州窑素三彩桃形瓷盒

口径 5.5、底径 4.8、通高 5 厘米

盖为圆顶，弧折腹直口。子母口。盒身弧腹下收，卧足。施褐彩以及白釉、透明釉，彩色浓郁，施彩过底，内膛施白釉，盒外壁施透明釉，子母口及卧足足底露胎，胎质较松。盖面俯视为桃形。有土沁及附着物。

明漳州窑素三彩莲瓣纹瓷盒

口径 4.7、底径 3、通高 4 厘米

盖为圆顶，弧折腹直口。子母口。盒身起方唇，盒身弧腹下收，圈足。施绿彩与褐彩，彩色浓郁，施彩过底，子母口、内膛及卧足足底露胎，胎质较松。盖面模印主纹花卉，盒身为整周莲瓣纹。主纹饰及局部凸面部分脱彩较重。有土沁及附着物。

明漳州窑素三彩鱼纹瓷盒

口径 4.7、底径 2.1、通高 4.2 厘米

盖为圆顶，弧折腹直口。子母口。盒身弧腹下收，圈足。施绿彩与褐彩，彩色浓郁，施彩过底，子母口及圈足足底露胎，胎质较松。盖面模印主纹大鱼，大鱼周身印满形似花卉、海星等符号状的不知名图案。主纹饰及局部凸面部分脱彩较重。有土沁及附着物。

明漳州窑素三彩瓜棱形牡丹纹瓷盒

口径 4.6、底径 3.2、通高 5 厘米

盖为扁圆顶，盖沿唇口状。子母口。盒身弧腹下收，卧足。施黄彩与褐彩，彩色浓郁，施彩过底，子母口、内膛及卧足足底露胎，胎质较松。盖面居中为黄彩凸显主纹，模印金钱蟹、牡丹等。局部凸面脱彩较重。

明漳州窑素三彩如意纹瓷盒

口径 7.8、底径 5.7、通高 5.7 厘米

盖为平顶，下折直口。子母口，盖与盒身皆起方唇。盒身为筒状三足。施绿彩与黄彩，彩色浓郁，施彩过底，内膛及圈足足底露胎，胎质较松。盖面居中模印主纹宝相花，往外一圈如意云头纹。整体纹饰凸面部分局部脱彩严重。

明漳州窑酱釉莲瓣纹瓷盒

口径 4.3、底径 3.2、通高 4.5 厘米

盖为平顶，弧腹直口。子母口，盖与盒身皆起方唇。盒身弧腹下收，矮圈足。施酱彩，彩色浓郁，施彩过底，子母口及圈足足底露胎，胎色黄白，胎质较松。盖模印大花卉纹饰，盒身模印莲瓣纹。整体纹饰凸面部分局部略有脱彩。

明漳州窑绿釉莲瓣纹瓷盒

口径 4.6、底径 2.7、通高 4 厘米

盖为平顶，弧腹直口。子母口，盖与盒身皆起方唇。盒身弧腹下收，矮圈足。施绿彩，彩色浓郁，施彩过底，子母口及圈足足底露胎，胎色黄白，胎质较松。盖模印大花卉纹饰，盒身模印莲瓣纹。整体纹饰凸面部分脱彩较重。

清漳州窑素三彩花卉纹瓷盒

口径 6、底径 3.4、通高 4.5 厘米

盖为圆顶，弧折腹直口。子母口。盒身起方唇，盒身弧腹下收，卧足。施绿彩与褐彩，彩色浓郁，施彩过底，内膛及卧足足底露胎，胎质较松。盖面居中模印主纹大花卉，盒身近底处模印整圈水波纹。主纹饰及局部凸面部分脱彩严重。有土沁及附着物。

清漳州窑素三彩瓜形蟹纹瓷盒

口径 4、底径 3、通高 5 厘米

盖为扁圆顶，盖沿唇口状。子母口。盒身弧腹下收，卧足。施黄彩与褐彩，彩色浓郁，施彩过底，子母口、内膛及卧足足底露胎，胎质较松。盖面居中为黄彩凸显主纹，模印金钱蟹。局部凸面脱彩较重。

清漳州窑素三彩莲瓣纹瓷盒

口径 4.9、底径 3、通高 4 厘米

盖为圆顶，弧折腹直口。子母口。盒身起方唇，盒身弧腹下收，圈足。施蓝彩与褐彩，彩色浓郁，施彩过底，子母口、内膛及卧足足底露胎，胎质较松。盖面模印主纹花卉，盒身为整周莲瓣纹。主纹饰及局部凸面部分脱彩较重。有土沁及附着物。

清素三彩摩羯形瓷盖盒

口径7、底径5、通高7厘米

盖为摩羯造型。子母口。盒身起方唇，盒身弧腹下收，作盆状，椭圆形矮圈足。施黄彩与绿彩，彩色浓郁，施彩过底，子母口露胎，胎质较密。盖以绿彩分出摩羯头部及侧鳍，以黄彩分出摩羯躯干及背鳍、尾鳍，盒身则呈硬莲瓣盆状托负着摩羯。除了局部略有磕损，整体品相较好。

清素三彩兔形瓷盒

口径5、通高4.5厘米

盖模印一只口衔着如意的玉兔的上半部分造型。子母口。盒身为衔着如意的玉兔的下半部分造型。三足触地。施黄彩与绿彩，彩色浓郁，施彩过底，子母口露胎，胎质较密。如意以黄彩描绘，周身脱彩严重。

清素三彩鸟形瓷盒

口径 3.8、通高 5 厘米

模印成型，由上、下两部分组成，盒身呈子母口，露胎。外施绿彩，盒内施透明釉，彩与釉皆较为莹润。造型肥美圆润。鸟类的形象在传统民俗中常常被赋予安居、平和、吉祥等寓意。

清漳州窑素三彩贴花瓷三足炉

口径 2.5、通高 4.2 厘米

敛口，丰肩鼓腹，三棋足。施绿彩与褐彩，彩色浓郁，施彩未及底，内膛、外壁炉底与三足露胎，胎质较松。于炉肩腹之间四面贴塑四瓣花朵，花朵上施褐彩，褐彩脱彩严重。

第三单元
丝路帆远·瓷韵悠长

　　明隆庆元年（1567年）废除海禁政策后，月港的兴盛，促进了辗转运来的景德镇瓷器的外销，更直接促成了漳州窑业的繁荣。漳州窑吸收、模仿、改造景德镇窑业技术，生产的瓷器外销东南亚、日本，并经荷兰、西班牙大航海航线转运销往欧洲、美洲、非洲等世界各地。漳州窑瓷器也成为外销瓷器的重要组成部分。

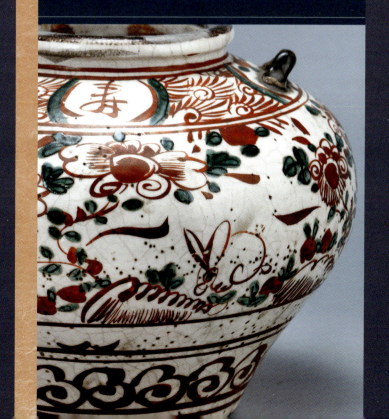

沉沙瓷影

明景泰到天启年间（1450～1627年），月港从一个民间自由贸易港口发展成为我国东南沿海外贸中心之一，与40多个国家和地区有直接贸易往来，并以吕宋（菲律宾）为中转站，与欧美各国相互贸易，在我国外贸史上占有重要地位。随着月港的兴盛，漳州窑瓷器或漂洋过海，丰富了海域民众生活，或折载沉沙，封塑成海洋文化遗产。

月港地理位置及现存码头示意图

路头尾码头　　容川码头　　饷馆码头

中股码头　店仔尾码头　阿哥伯码头　溪尾码头

1. 鳄鱼岛沉船

时代为北宋晚期至南宋初年，出水器物含有漳州窑口的青白釉划花刻碗。

2. "平顺号"沉船

沉船位于越南平顺省，于2001年由越南渔民发现。研究者推测其为中式帆船，船上载有一批漳州窑瓷器。

3. "圣迭戈号"沉船

1600年沉没于菲律宾海域的西班牙"圣迭戈号"舰，打捞出漳州窑系的青花开光盘，与平和窑烧制的产品相一致。

4. "白狮号"沉船

1613年沉没的荷兰"白狮号"旗舰，打捞出许多中国明万历时期的开光青花瓷器。其中也包括"汕头器"类型的青花、彩绘碗、罐、盘、碟等，产地主要是出自漳州地区的平和等窑场。

5. "哈彻"沉船

1983～1985年，英国人米歇尔·哈彻在印尼宾坦岛外发现一艘明代"中国平底帆船"，打捞出2.7万件瓷器，其中主要是明末青花瓷，主要器形为漳州窑系的开光大盘、执壶、瓶、罐、盒、军持等。

6. "南澳I号"沉船

2007年在广东汕头海域发现，历经多年的考古发掘，共出水文物2.6万多件，其中瓷器数量达2.5万件，而漳州窑瓷器达到2万件以上。

7. "北礁三号"沉船遗址

该遗址出水大批青花瓷，以碗、盘为主，还有碟、罐、器盖等。其中的漳州窑大盘，流行口沿一周锦地开光带饰，腹部留白，盘心装饰仙山楼台、双凤山水、荷塘芦雁、岁寒三友等图案，类似风格的器物还见于西沙"石屿3号"沉船和"华光礁Ⅳ号"沉船遗址。

8. "圣伊西德罗"沉船

位于菲律宾霍洛岛地区，货物包括16世纪早期生产的碗、盘等，绝大部分是日常使用的青花瓷器，纹饰简单，绘画线条纤细，推测其为漳州窑的产品，主要供应东南亚市场。

9. "'皇家舰长'暗沙二号"沉船

位于菲律宾巴拉望海域，出水3700多件漳州窑的青花瓷，与"南澳Ⅰ号"有相似特征。

10. "圣菲利普号"沉船

位于南加利福尼亚海岸，是16世纪后半期至17世纪初的马尼拉帆船，出水1500多件器物，包括1183件瓷器。瓷器中的漳州窑瓷器主要为青花瓷及贴花大罐，其中，鸟纹杯、螭龙纹碗、双凤纹碗、凤纹折沿盘等在"南澳Ⅰ号""'皇家舰长'暗沙二号"都有发现。

11. "头顿号"沉船

位于越南海域，是17世纪末至18世纪早期的中国船只，出水陶瓷器60000件/套，以青花瓷为主，还有福建窑口器物，其中酱口青白釉大碗、秋叶纹盘在漳州窑诏安朱厝、秀篆窑以及华安窑中有发现。

12. "泰兴号"沉船

于1822年触礁沉没。其出水瓷器大都是德化窑生产的用于出口亚洲市场的青花瓷，少部分是漳州窑盖碗。

"圣迭戈号"沉船出水的瓷器

福船

　　福船又称"福建船"，其船形饱满，首尾高昂，高大如楼，帆为典型的中国式硬帆。福船"上平如衡，下侧如刃，贵其可以破浪而行也"。其横剖面呈"V"字形，底尖上阔，吃水较深，使用了诸多先进的造船技术，具有优良的深水航海性能，用途相当广泛。至明代，福船形成了庞大的家族系列。

漳州航海船用木制罗盘

内径 13、外径 14、高 5.6 厘米

此罗经整体呈圆面矮柱状，为多种材质复合器物。主体
为木质，以琉璃镶嵌罗盘镜面，铁片制成指针，针头作
戟叉状，并于盘表上外围一圈篆刻天干、地支，乾、坤、
巽、艮四卦，其间互相穿插交融，以红、黄、白三色标
识关键字眼。可见当年使用者以此器为托，风水布局细
节非常考究。

瓷通四海

　　漳州窑随着月港海外贸易的发展应运而生，其生产的瓷器通过海上丝绸之路行销海外诸邻。漳州窑瓷器作为中国文化走向世界的重要载体，以变幻多姿的器形纹饰和独具特色的魅力，进一步密切了中外联系。及至当下，这些域外遗珍依然熠熠生辉，向世人讲述着海域之上交流融合的传奇故事。

世界各地发现的漳州窑瓷器

大英博物馆藏漳州窑瓷器

印尼雅加达国立博物馆藏漳州窑瓷器

荷兰吕伐登普利西霍夫博物馆的漳州窑瓷器墙

日本藏漳州窑瓷器

新加坡亚洲文明博物馆藏漳州窑瓷器

里斯本宫殿屋顶装饰

日本对漳州窑红绿彩瓷的仿烧

　　日本红绿彩，始于17世纪中叶的江户时代早期。受到明末景德镇与漳州窑红绿彩的影响，佐贺县创烧了釉上彩瓷"有田烧"。19世纪以来，日本的九谷烧、犬山烧和京烧大量仿制漳州窑产品，特别是奥田颖川、永乐和全等名家仿制的水平高超，甚至达到乱真的效果，影响至今。

明漳州窑红绿彩风景印章纹瓷碗

口径27.3、底径11.6、高9.5厘米

圆唇敞口，直壁下收，圈足。釉上彩，施绿、黑、红彩，施透明釉，施釉过底，圈足足底露胎，胎色黄白，胎质较细，圈足粘砂。以红彩绘印章纹，绿彩黑线描边山水楼阁图案。

明漳州窑印章纹筒形瓷炉

口径 12.3、底径 10.6、高 9.8 厘米

直口直壁筒状腹，三足。釉上彩，施黑、红、绿彩，施透明釉，施釉过底，三足足底露胎，胎色灰白，胎质较细。绘印章纹。

明漳州窑五彩锦地开光花卉纹瓷碗

口径 28.7、底径 12.4、高 9.9 厘米

圆唇敞口，直壁弧下收，圈足。釉上彩，施黑、红、绿、彩，施透明釉，施釉过底，圈足足底露胎，胎色较白，胎质较细，足底粘砂。五彩绘花卉纹。

明五彩花卉纹瓷双系罐

口径 10.5、腹径 22.1、底径 11.1、高 17.4 厘米

圆唇外折小敞口，束颈丰肩双系，鼓腹弧下渐收，圈足。酱口。釉上彩，施黑、红、绿、彩，施透明釉，施釉过底，圈足足底露胎，胎色较白，胎质较细，足底粘砂。五彩绘花卉纹。

清漳州窑五彩花鸟纹瓶

口径 8.1、腹径 13.4、底径 10.1、高 24 厘米

圆唇敞口，直壁长颈渐放，溜肩圆鼓腹，覆盏状圈足。
釉上彩，施黑、红、绿、蓝彩，施透明釉，施釉过底，
圈足足底露胎，胎色灰白，胎质较细。绘花鸟纹。

结语

CONCLUSIONS

海丝绵延，融通互鉴。交流中外的舟船让海洋天堑变为通途，异域风物的互通有无，在渐趋消弭异域想象的同时，也为新秩序的建立悄然做好铺垫。

在中国悠长的外销瓷器史上，芳华一现的漳州窑瓷器，随着月港的隆替而盛衰，以千年之积淀，呈百年之辉煌。这簇中华文明的璀璨星光，涓涓流淌出中外融合的新生力量，并深深侵入古往今来的人类文明机理。这是对历史的回望，也是对未来的展望。